孩子总是拖拖拉拉，妈妈怎么办

（第3版）

仅用5步，彻底解决孩子"性子慢"、做事磨蹭、不会合理利用时间的问题！！

鲁鹏程◎著

北京理工大学出版社
BEIJING INSTITUTE OF TECHNOLOGY PRESS

版权专有 侵权必究

图书在版编目(CIP)数据

孩子总是拖拖拉拉,妈妈怎么办/鲁鹏程著.—3版.—北京:北京理工大学出版社,2016.7(2021.5重印)

ISBN 978-7-5682-2191-7

Ⅰ.①孩… Ⅱ.①鲁… Ⅲ.①习惯性－能力培养－儿童教育－家庭教育 Ⅳ.①G78

中国版本图书馆CIP数据核字(2016)第081032号

出版发行	/北京理工大学出版社有限责任公司
社　　址	/北京市海淀区中关村南大街5号
邮　　编	/100081
电　　话	/(010)68914775(总编室)
	(010)82562903(教材售后服务热线)
	(010)68948351(其他图书服务热线)
网　　址	/http://www.bitpress.com.cn
经　　销	/全国各地新华书店
印　　刷	/唐山富达印务有限公司
开　　本	/710毫米×1000毫米 1/16
印　　张	/14
字　　数	/167千字
版　　次	/2016年7月第3版　2021年5月第20次印刷
定　　价	/25.00元

责任编辑	/王晓莉
文案编辑	/王晓莉
责任校对	/周瑞红
责任印制	/马振武

图书出现印装质量问题,请拨打售后服务热线,本社负责调换

序 言

今天，有很多妈妈都在为孩子的"拖拉"而头疼："我家孩子每天晚上七点钟就开始写作业，可是总是静不下心，一会儿想喝口水，一会儿要吃水果，一会儿要玩玩具，每天都要磨蹭到晚上十点半，才能把作业写完。"

"我家孩子从小就拖拖拉拉，刷个牙他都能用上半个小时。有一次我们约好早上七点钟去动物园，他六点钟就起床了，但是到了七点半，他仍没有穿好衣服、洗完脸呢！"

"我家孩子是个'赖床鬼'，每天早上我都要叫他五六次。每次叫他，他都说'再睡五分钟'，结果折腾来折腾去，实在不能再拖了，才磨磨蹭蹭地爬起来。每天早上，我都被他折磨得很痛苦。"……

对任何人来说，拖拖拉拉都是一种坏习惯，对孩子来说更是如此。拖拖拉拉，会让孩子什么事情都不能按时、及时完成，会磨掉他的热情与斗志，会给他带来压力与困苦，最终会让他的生活变得一团糟。尤其值得我们警醒的是，孩子的这种坏毛病会带到成年，从而成为他成功路上的绊脚石。我们看到现在很多成年人在工作时磨磨蹭蹭，这都是在小时候养成的坏习惯。可见，拖拖拉拉实在不是一件小事。

怎样让孩子改掉拖拖拉拉的坏毛病呢？怎样让他学会合理地利用时间？怎样让他养成积极主动的好习惯？相信这是每一位妈妈都想知道的。

孩子拖拖拉拉，一般而言有两种情形：第一种情形是，孩子本来是很积极、不拖拉的，但因为妈妈是急脾气，老是嫌孩子慢，爱催促孩子"快点快点",结果孩子要么因为妈妈的"暗示"而认为自己"真的很磨蹭",从而真的变慢了,要么就是对妈妈的催促感到反感,故意变得拖拉;第二种情形是,孩子做事慢,天生慢性子,没有紧迫感,不会合理地利用时间。

对于第一种情形,妈妈应该改变自己,放慢自己生活的节奏、脚步,以免把自己的压力强加给孩子,多多理解孩子,给他一些自由,这样,孩子就不会"变慢"了;而对于第二种情形,妈妈需要做的就是帮助孩子学会合理地利用时间。

其实孩子身上有很多优点,很多时候,问题并不在孩子身上,而恰恰是做妈妈的需要反省自己,从自己身上找原因。一旦妈妈能够"行有不得,反求诸己",孩子的教育就会变得很简单,他会在妈妈的"帮助"下,轻轻松松地克服拖拖拉拉的毛病。

当然,这里只是简单地说了一下大概的解决思路,但具体的方法,还需要妈妈在生活中多总结,多学习,多尝试,多改变。为了让孩子不再拖拖拉拉,为了让父母不再为孩子拖拖拉拉的毛病而头疼,我们策划创作了这本《孩子总是拖拖拉拉,妈妈怎么办》。在这本书中,我们按照上述两种情形,尽可能多地向广大父母阐述孩子拖拖拉拉的表现形式、产生原因,以及解决的方法。

我们相信,通过阅读本书,妈妈们一定会受益匪浅。虽然本书针对的是"妈妈怎么办",但本书却值得每一位关心孩子、想改掉孩子拖拖拉拉毛病的人阅读、参考、借鉴,并真正把书中的方法应用于实践当中,从而让孩子不再拖拖拉拉。

目 录
CONTENTS

[上篇]
改掉孩子拖拖拉拉的毛病，妈妈要先做出改变

孩子拖拖拉拉的毛病并不是天生的，他那让妈妈备感头疼的磨蹭举动，也不全是他的原因。其实仔细想一下，妈妈的很多言行，比如老是催促他，恰恰就是孩子变得拖拖拉拉的"罪魁祸首"。因此，要改掉孩子拖拖拉拉的毛病，妈妈首先要做出改变。

第一章 我真的快不起来啊！—— 发现孩子变"慢"的深层原因

反正有人安排，我不管了！—— 妈妈不要包办、越俎代庖 / 005

妈妈不在，呵呵！—— 只要没妈妈的督促，孩子就会拖拉 / 009

我也着急啊！—— 孩子心里也着急，但就是快不起来 / 013

有什么好着急的！—— 孩子天生慢性子，什么事都不急 / 016

它还不是最好的！—— 苛求完美，为做好一件事不停地重复 / 020

玩？好哦！学习？哼！—— 要是玩，动作就快；要是学习，就磨蹭 / 023

咦，那儿有只蚂蚁哦！—— 注意力老是分散，做事自然拖拉 / 026

我心情不好！—— 孩子高兴，就快；不高兴，就拖拉 / 030

是去呢，还是不去？—— 孩子犹豫不决，就会磨蹭、拖拉 / 033

我就不快！就不快！—— 孩子用"拖拉"对抗妈妈的催促 / 036

第二章　快点快点，赶紧的！—— 催促孩子，会让他变得更慢

快点收拾干净！—— 越说快，孩子越快不起来 / 043

快点，快点啊！—— 妈妈别用"快点"妨碍孩子的独立 / 046

快去××！快去××！—— 别让几个"快去"分散了孩子的注意力 / 050

你快点说啊！—— 孩子有话说不出，反而说"没什么" / 053

你怎么还是这么慢！—— 孩子会感到委屈，感到妈妈冷漠 / 056

第三章　妈妈，请别不耐烦！—— 认同并尊重孩子做事的节奏

别磨磨蹭蹭的！—— 孩子其实有自己做事的节奏 / 061

没看我忙着呢吗？—— 妈妈总是忙，孩子想说都没机会 / 065

说了多少遍？还记不住！—— 妈妈需要耐心一点等待孩子成长 / 068

他干什么都慢！—— 别用"反话"刺激孩子，要正面鼓励他 / 071

要有个女孩样！—— 想让女孩"文静"，但她可能会变"拖拉" / 074

你可是个男孩呀！—— 别暗示男孩懦弱，否则他会没自信，会更"拖拉" / 077

第四章　我要给孩子点信心啊！—— 妈妈自己要适当地做一些改变

妈妈相信你！—— 不在孩子身边，他反而能"快"一些 / 083

孩子，谢谢你！—— 妈妈的鼓励会让孩子积极起来 / 086

跟你商量个事！—— 与孩子商量一些事，提升他的能动性 / 090

来，帮帮妈妈！—— 记得给孩子创造点做事的机会 / 093

不着急，不急！—— 提醒自己"不着急"，放慢自己的节奏 / 096

[下篇]
教孩子学会合理利用时间，彻底和拖拖拉拉说再见

我们做妈妈的都有这样的体会：那些行动积极、不拖拉的孩子，都懂得合理利用自己的时间。只有让孩子学会合理利用自己的时间，他才会彻底改掉拖拉的毛病，而且会变得积极起来，懂得向时间要效率。可以说，合理利用时间是一种非常好的习惯，对孩子以后走上工作岗位有很多益处。

第五章 谁偷走了你的时间？—— 纠正孩子浪费时间的坏习惯

真是不想起床啊！—— 别再纵容孩子睡懒觉了 / 103

唉，又迟到了！—— 纠正孩子不守时的毛病 / 106

不知道把它丢到哪里了！—— 培养孩子做事有条不紊的习惯 / 109

一上网，时间就过得特快！—— 让孩子有节制地上网 / 112

我再杀一盘，然后立即……—— 别让孩子"讨价还价" / 115

白天老犯困呢！—— 纠正孩子爱熬夜的坏毛病 / 118

第六章 你要做一下计划哦！—— 教孩子学会合理地利用时间

学习，我不知道怎么学啊！—— 制订学习计划很重要 / 125

我知道该做什么了！—— 教孩子列出具体的学习任务 / 128

不做"突击队员"了！—— 确定孩子每天的学习量 / 131

这一天过得好慢啊！—— 教孩子合理分配一天的学习时间 / 134

我学得"头昏脑涨"—— 告诉孩子：文理科交替学习 / 137

学习怎么没有进步呢？—— 检查学习效果，适当调整计划 / 141

这样的计划我完不成！—— 计划一定要有可行性 / 145

你看人家的计划多好啊！—— 计划一定要适合自己的孩子 / 149

我的计划有问题吗？—— 制订学习计划必须注意的问题 / 153

我长大了要做—— 帮孩子做好长期计划 / 156

第七章　我的时间我做主！—— 提高孩子的时间利用率

每天我有 25 个小时啊！—— 帮孩子建立起时间观念 / 161

你的时间，浪费太多了！—— 孩子利用时间的效率太低 / 164

学习、玩耍两不耽误！—— 劳逸结合，学习效果才最佳 / 168

他老是自由散漫，管不住自己！—— 提升孩子的自律性 / 171

没意思，我不玩了！—— 教孩子分解复杂的任务 / 174

我只要坐在书桌前就好了！—— 避免孩子"磨洋工" / 178

第八章　让孩子成为爱学习的天使！—— 彻底解决孩子在学习中的拖拉问题

我真不想做作业！—— 弄清孩子不爱写作业的原因 / 183

跪求作业答案！—— 如何应对孩子写作业偷懒的问题？ / 187

我写得好慢呀！—— 孩子写作业太慢，家长怎么办？ / 191

都 23:00 了，还没写完！—— 督促孩子更好地完成作业 / 194

妈妈，来陪我写！—— 陪孩子写作业，要慎重 / 197

先复习功课，再写作业！—— 给孩子传授写作业的窍门 / 200

天啊，还要做总结？！—— 引导孩子及时做总结 / 203

忘了写小数点了！—— 教孩子改掉马虎的毛病 / 206

我就爱"临阵磨枪"！—— 让孩子提前复习，不要指望考前"突击" / 209

那道题把我拦住了！—— 考试时，别让孩子"死抠题" / 212

[上篇]

改掉孩子拖拖拉拉的毛病，妈妈要先做出改变

孩子拖拖拉拉的毛病并不是天生的，他那让妈妈备感头疼的磨蹭举动，也不全是他的原因。其实仔细想一下，妈妈的很多言行，比如老是催促他，恰恰就是孩子变得拖拖拉拉的"罪魁祸首"。因此，改掉孩子拖拖拉拉的毛病，妈妈首先要做出改变。

第一章

我真的快不起来啊！
——发现孩子变"慢"的深层原因

孩子为什么会拖拖拉拉？为什么就算受到了我们的责骂，他也依旧保持一种"龟速"？孩子的磨蹭不只是他的一种不良习惯，我们需要更深入地去挖掘他慢的真正原因。

反正有人安排，我不管了！

—— 妈妈不要包办、越俎代庖

我们都喜欢舒适的环境，喜欢尽情享受，更乐得有人帮我们做事。现在的孩子大多是独生子女，全家上下都围着他转，既然可以享受这种毫不费力就拥有的"幸福"，孩子当然愿意"坐享其成"。

于是，我们对他照顾有加，使他在不知不觉中就变得"饭来张口"；我们对他疼爱有加，不愿意让小小的他受累，因此什么事都替他做好。当然还有一种情况，那就是我们看不惯他做不好、做不对的样子，一时心急便替他做了。

面对这样的情况，孩子的内心自然就会产生这样的想法："反正妈妈都替我安排好了，我就不用管了！"

每天早上，清清穿衣、洗脸、刷牙、吃饭、穿鞋、背书包、戴帽子，这些全都是妈妈帮着完成的，他根本不用操心，也不用动手。直到清清上2年级了，这些依然是由妈妈代劳，他享受得心安理得。

可是有一天，妈妈生病了，早上没起来，清清只得自己干。但他从来没有做过这些事，因此，不是衣服袖子"找"不到、穿不好，就是鞋带系不上。可清清自己却不知道着急，他以为妈妈平常在半小时内能给他做完，他自己也行。结果，那天上学清清迟到了一整节课。

回到家，他对着妈妈好一阵埋怨，妈妈也因此而陷入了深思……

清清的妈妈的确该好好想一想了，如果再继续这样下去，清清就不仅仅是做事拖拉了，他个人能力的发展也会受到影响。因此，要孩子快起来，妈妈就不能包办、越俎代庖。

把做事的主动权交还给孩子

穿衣是每个人必须学会的，吃饭也总该要自己吃，想要什么东西应该自己去拿，自己的书本、玩具用过了要自己去收拾……孩子自己能做的事情有许多许多，这些事都该由他自己主动去完成，我们不能让他成为被动接受者。

我们要将做事的主动权交还给孩子，要注意孩子的年龄特点，当孩子具备足够的能力时，我们要引导他自己去做一些事情。比如穿衣，最开始孩子往往会不知道衣服的前后，袖子穿不进去或者裤腿会穿错，虽然会出现很多问题，但我们要慢慢训练他，要让他主动去做这些事，并逐渐形成习惯。

要保持一定的耐心

这里所说的耐心包括两方面：一方面是我们要对孩子有耐心，要慢慢地教他学会做事；另一方面则是我们要对自己有耐心，要能抑制住自己想要上去帮忙的欲望。

毕竟，孩子学习做事是需要时间与过程的，他不可能一下子就学会，也不可能立刻就做得驾轻就熟。我们要耐下性子来，一遍一遍地教他，正所谓"熟能生巧"。当他自己慢慢学会穿衣、吃饭、收拾东西、整理房间等事情之后，他自然就能快起来了。

而这个过程对我们的耐心也是一种考验，我们要忍受孩子不断出错的情况，要忍受他一遍遍做不好的情况。此时我们要收起自己的急性子，要允许孩子做不好，允许他慢。这时我们可以采取一种比较法，我们可以和孩子一起比较他现在的做法与以前的做法，如果他现在做事比以前快了，也比以前做得好了，那么我们就要表扬他，并鼓励他再接再厉。

要注意不能走极端

在改变包办这个习惯时，我们可能很容易走以下几种极端。

第一，"不包办代替就是撒手不管"，抱有这样想法的妈妈，放手的速度就太快了，这会让孩子完全没有适应的过程，他的内心就会因此而产生巨大的心理落差，他会觉得所有的事情都非常难，他也会认为自己非常笨。当孩子有了挫败感，他不但快不起来，反而会变得更加拖拉。

我们放手的速度要慢一些，可以一边教孩子做事，一边放手让他去做，同时还要及时给予帮助。我们要让孩子逐渐从不会做、做得慢过渡到会做、做得快。

第二，"你必须自己做，不然没人同情你"，我们何必要用这样严肃的态度呢？我们不过是想要孩子学会自理，能利索做事罢了。我们冰冷的态度会给孩子的内心带来伤害。

所以，即便是要孩子自己做事，我们也要尽量保持一种温柔的态度，要让孩子感受到我们对他的爱，感受到我们对他的支持与鼓励。当他有了进步之后，我们还要及时给予他表扬，这样才能激发起他的自信心与好胜心。

第三，"不管什么时候你都必须自己做"，这样的认知就太绝对了。我们也要学会特殊情况特殊处理，比如孩子的朋友来做客，我们不让他招待客人却非要他先把自己的袜子洗干净，这不仅会让孩子感到尴尬，同时也是对小客人的一种不尊重。我们完全可以让他先放着，等过后再做。

在一些十分紧要的关头时，我们要适当放宽要求。孩子可以练习的时间有许多,不一定非要占用那些重要的时刻,否则孩子在将来做事时可能会没有主次之分。不过,如果是孩子故意捣乱,故意拖延,那我们就要严肃起来,对他进行批评教育了。

妈妈不在，呵呵！

—— 只要没妈妈的督促，孩子就会拖拉

也许是之前妈妈的督促让孩子形成了一种习惯，很多孩子的时间观念非常差，又或者是他干脆就是在偷懒。一旦妈妈不再督促了，或者妈妈不在身边，有些孩子就会立刻变得拖拉起来。不管那件事有多重要、多紧急，他都会不紧不慢的。

如果孩子没有时间观念，我们还可以对他进行培养；而对于后一种情况，我们对他的教育就要格外注意，否则说多了他会烦躁，说少了又起不到教育的作用。

心乐一直生活在妈妈的督促之下，起床需要妈妈催，做作业也要妈妈督促。他已经形成了习惯，而且也已经产生了一种认知：妈妈绝对会帮我掌握好时间的。因此，他自己根本就没有时间观念，而妈妈对此也非常着急。

最近几天，妈妈有事回老家了，家里只剩下了心乐和爸爸。一开始心乐还觉得很开心，他在心里偷笑：呵呵！妈妈不在了，再也没人催促我了，真好！妈妈走后的第一天晚上，心乐慢慢悠悠地做着作业，很简单的几道数学计算题愣是做到了晚上11点。第二天早上，很晚才

孩子总是拖拖拉拉，妈妈怎么办？

上床的心乐赖在被窝里不愿意起床，他心里还想着：妈妈肯定会叫我的。可是他忘了，妈妈不在家。

而当他终于睁眼起床时，时间已经到了上午10点，他已经迟到了两个多小时了！心乐一下子跳下床，冲出房间，跑到爸爸妈妈的屋子，冲着爸爸大喊："爸爸，为什么不叫我起床？"在家休假的爸爸却很平静地回答道："是你妈妈让我不要叫你的，你长大了，必须要有时间观念！"

心乐这一次算是得了个大教训，相信他从此以后一定会牢记"你长大了，必须要有时间观念"这句话。很多孩子都有心乐这样的毛病，妈妈在的时候，在妈妈的催促下还能将事情尽快做完、做好，可一旦妈妈不在身边了，他就会恢复到拖拉的状态之中。我们会为此而感到非常心急，甚至会控制不住自己的情绪而向他发脾气。

不过我们也要好好想一下，看一看究竟是什么原因使得孩子如此拖拉，看一看我们是不是也要承担责任。因为像心乐这样没有人督促就会变得拖拉的孩子，基本上都是因为我们之前总是督促他，才使他形成这种不良习惯的。那么我们又该怎样做呢？

用游戏帮孩子建立起时间观念

时间对于孩子来说是抽象的，他可能并不能完全理解时间的流逝究竟是个怎样的概念。为了帮助孩子建立起基本的时间观念，我们首先就要让他明白时间是一种不可逆的存在。

比如，我们可以和孩子玩一种名叫"×分钟工作"的游戏。这种游戏是让孩子在一定的时间内做一件事情，使他感受到时间与他眼前要做的事情的关系。我们可以以5分钟为限，用闹钟来计时，或者与孩子比赛收拾玩具，或者和他一起阅读故事书。当计时结束之后，要让孩子看到在5分钟之内他都做了什么，比如收拾了多少玩具、学会了多少个生字，等等，这会使他有一种成就感。同时我们还要告诉他，刚过去的 5 分钟永远都找不回来了，被他用掉了，而他却学会了收拾玩具，学会了几个生字，这就是那 5 分钟送给他的礼物。

与孩子达成一种时间上的约定

孩子之所以不觉得时间紧迫，是因为我们从最开始就向他传递了一种"时间其实是够用"的观念。

我们可以仔细想一想，就拿孩子上学来说，如果他 7:30 必须出门，我们自己可能会将最后的时间限制在 7:25。从 7:25 开始，我们就不断地给他"放宽"时间，"我再给你 5 分钟，快点！要迟到了"，我们之所以这样说，就是要让他快一些，可我们却很安心，因为我们自己就先留了一个 5 分钟的缓冲期。也就是说，即便孩子在 7:25 并没有做好准备，我们依然能保证他在 7:30 出门。但这样一来，孩子就会感觉：原来时间永远都是够用的啊！妈妈说要迟到了，可我也没迟到啊。

针对这样的情况，我们可以改变一下"催促"的方法，和孩子就时间做一个约定。一位妈妈采用了这样的方法：

我女儿很磨蹭，做什么事都慢吞吞的，比如说吃饭，她会一直磨着吃不完。有时候我们连碗都刷完了，可她依然在吃。于是，我告诉她："如果我们吃完饭之后你依然没有吃完，那么我就会直接收掉你的碗筷，不管你有没有吃完。"女儿对我的话毫不在意，下次吃饭时，她依然很慢。

结果当我们吃完饭之后，我直接就将她的碗筷收走了。她的碗里还留着没吃完的米饭以及她最爱吃的鱼肉。女儿吃惊地看着我，我却很平静地告诉她："我已经提醒过你要注意时间了，如果你没有吃饱，这就是你自己的责任了。"

经过这次事情之后，女儿再吃饭时就变快了，虽然有时候我还是会收掉她没吃完的饭碗，不过她留在碗里的饭却越来越少。直到后来，她的吃饭速度和我们同步。

这样的时间约定会让孩子意识到问题的严重性，他将不会再抱有侥幸的心理。他会记住因为没有遵守时间约定而带来的教训，而且他的这种记忆会非常深刻，会使他积极主动地纠正以前的一些做法。

学会巧妙运用督促法

虽然我们都希望孩子能在自觉主动的情况下去处理他自己的事情，可心理学研究表明，孩子要到七八岁以后，才有能力管住自己。所以在此之前，我们对他的督促是必要的。

我们要尽量减少对他的说教式的、重复的、机械的唠叨，即便是督促，我们的语言也可以温柔一些、幽默一些。比如，看到孩子写作业时磨蹭，我们可以走到他旁边，说："唉，作业本是不是不喜欢铅笔了呢？怎么它总不让铅笔靠近呀？"这时，孩子就能意识到我们是在催促他了。而当我们不在他身边时，我们也可以提前告诉他："你要努力让作业本和铅笔成为好朋友呀！能做到吗？"这种幽默的说法，会激发起孩子的兴趣，他会觉得这是一件好玩的事情，这样他自己就会主动加快写作业的速度了。

我也着急啊！

—— 孩子心里也着急，但就是快不起来

孩子各方面的发展是不同的，有时候他的手脚配合并不算非常灵活，所以他可能想快也快不起来。其实他内心也是非常着急的，而此时我们如果再去催促他，他就会变得更加急躁不安，甚至还会发脾气。可他的这种着急并不能让他变快，反而还会因为急躁而变得更慢，这就会形成一种恶性循环。

小林在班里是个有名的"慢性子"。举个简单的例子，到了放学时，大家都能快速地收拾好书包，可小林却总是慢吞吞地，书包也被他收拾得乱七八糟，还经常会落下一些东西。

不仅是在学校，小林在家里也非常慢，早上起床、穿衣，他总是能磨蹭老半天。妈妈催他时，他不会更快，反而会更慢。可每次妈妈训他时，他却皱着眉说："我也想快啊！我也挺着急的，可就是快不起来。"妈妈听到他这样说，感觉更加头疼了。

也不怪小林的妈妈头疼，看到自己的孩子比别的孩子慢半拍，做事总是拖拖拉拉的，哪个做妈妈的不着急呢？可是，我们干着急是没有用的，正如小林所说，他其实也是想要快起来的。那么，我们就要好好想一想这其中的原因了。

　　孩子之所以会变成这样，有各种各样的原因。有的孩子自身的能力还有待发展，想要快却心有余而力不足；有的孩子对自己没有信心，认为任务那么难，自己不可能完成；还有的孩子则是因为受后天的环境影响，比如之前一直和爷爷奶奶生活，节奏比较慢，可之后再和父母生活就变成了快节奏，他也想快，可习惯已经形成，改正也需要过程。我们需要针对各种不同的原因，帮助孩子逐渐改掉这种拖拉的毛病。

帮孩子循序渐进，逐渐变快

　　孩子由慢变快也是需要过程的，他的思维能力、身体协调能力都还处在发育之中。做事时，他也许并不知道该如何安排先后顺序，也没有掌握好做各种事情的基本技巧，简单些说，就是"手比较笨"。此时，我们就要耐下心来，教他逐渐变快。

　　我们可以帮孩子设立小目标，比如，一周内他要能自己独立穿上衣服、系好扣子，或者几天内他要能自己系鞋带，等等。我们要通过反复地对他进行训练，提高他的动作熟练程度。当他慢慢熟悉这些动作之后，他的手自然就会变"巧"。在这个过程中，我们一定不要吝啬指导与夸奖，目标的安排也要由易到难，要能让孩子体验到成就感。

鼓励孩子与同龄人"比赛"

　　孩子都有一种好胜心理，尤其是男孩子，他会更希望自己得第一；而对于女孩子来说，她强烈的自尊心也会激励她不要落在他人之后。所以我们可以针对孩子的这一个性特点，通过"比赛"来让他逐渐变快。

　　比如，我们可以鼓励孩子邀请同伴来家里做客，然后有意识地要孩子和伙伴们开展一些比赛，帮助他克服拖拉的毛病。在设置比赛时，我们一定要从孩子容易办得到的事情入手，这可以让他体验成功，同时也能帮他看到自己的实力。

另外，有的孩子在面对这样明显的比试时，可能会觉得没信心。而且，如果我们真的要他这样明显地去和他人一较高低的话，还可能会得到相反的结果。针对这样的情况，我们可以让他和他人进行一种暗中的比试。

就拿小林来说，我们可以这样告诉他：当他再收拾书包时，可以找一个与他动作一样慢的同学，然后在暗中和那个同学比试，只要他肯努力，他就能快起来。当他比那个同学快了之后，他可以再按照新的速度去寻找下一个比赛对象。这样他就能变得越来越快。

让孩子看到自己的进步

孩子平时在生活中也会看到自己与别人的差距，看到别人能很快地做完事情，他自己也会觉得心里不舒服。我们要抓住这个教育的好时机，先从一件事情开始，让他改掉磨蹭的习惯。而帮他纠正拖拉的坏习惯，最好的检验标准就是他自己。所以我们可以针对他的特点，为他"量身定做"一个赶超目标，鼓励他赶超原来的自己。

我们可以帮他做一个进度表，可以一天算一个进度，或者几天、一周算一个进度。我们要记录下他的原始状态，之后的每一天我们要么鼓励孩子自己记录，要么帮他记录下他的实际完成情况，然后与他之前的行为进行对比。如果他有了进步，我们就要及时表扬，给予他精神或物质上的小奖励；如果他退步了，我们也不用着急，毕竟孩子的进步是呈曲线形的，不可能总是在进步。而且一开始他也不一定会有太大的改变，我们要有耐心。

另外，随着孩子年龄的增长，有些目标我们也要适当地进行调整。比如小学时，我们给他的目标是"能自己穿衣服"，到了中学我们就要更改目标了——他应该"在较短的时间内快速穿好衣服"。这样孩子就能一直向高攀登，他就会做得越来越好。

有什么好着急的！

—— 孩子天生慢性子，什么事都不急

遇到天生慢性子的孩子，我们有时候会哭笑不得。我们可能已经急得都火烧眉毛了，但他却依然慢条斯理地"按部就班"，甚至还会埋怨我们："这有什么好着急的呢？"

对于这种天生的慢性子，我们不能一概而论。比如，有的人虽然在平时看着慢悠悠的，可是一到了关键时刻，他却会一反常态，认真、严谨、快速地将事情做得干净利落。有的人的慢是一种沉稳的表现，这会给他人以安心感，事情反而能做得更快、更好；而有的人则一直都是慢悠悠的，如果到了关键时刻他的慢影响了事情的发展，那就很让人头疼了。

小阳是个慢性子，平常在家做什么都不急不慌。如果全家要出门，他一定是最后才收拾好的那一个，经常是全家人坐在那里等着他。而他在学校里就更加慢了。

有一次随堂小测验，老师在测验之前就告诉大家："这次的题量有些大，所以大家要抓紧时间，尽量快些做。"所有的同学都加快了答题的速度，可小阳拿到试卷后却坐在那里削起了铅笔，等他把铅笔

第一章　我真的快不起来啊！——发现孩子变"慢"的深层原因

削好了，别人已经做了好几道题了。他开始答题时，是将一道题在草稿纸上计算一遍，然后再誊抄到试卷上。最后老师收卷了，虽然题量大，但做完的同学还是很多，就算有没做完的，也不过是剩下了最后一两道题。只有小阳，他连试卷正面的题都没做完，最后的成绩当然也就很不理想。

老师为此多次找过小阳的妈妈，可妈妈也很头疼，根本不知道该怎么办。即便是这种情况，小阳却依然无所谓地说："我不觉得这有什么可着急的呀！"

面对这样"慢半拍"的孩子，老师和妈妈又怎能不着急？可是从小阳的故事我们可以看出，对这样的孩子，我们着急他却依然不急，我们的教育在他身上似乎并不管用。但如果我们放任他不管，他就会逐渐养成拖拉、散漫的习惯。所以，我们要用一些巧妙的方法来"对付"这样的孩子。

引导孩子"体验"慢性子

慢性子的孩子大多都不认为自己很慢，他可能也会有小阳那样的想法："有什么可着急的呢？"鉴于此，我们可以找机会让他体验一下他自己的慢性子。这个机会是需要我们去替他创造的，比如，我们可以像下面这位妈妈这样，找个时间表演一下孩子平常的表现。

小艺每天早上起床就像在放慢镜头，她穿衣服的速度堪比龟速。妈妈想让小艺快一些，可是怎么说她都依旧"我行我素"。最终，妈妈决定使出她的"撒手锏"。

星期天时，妈妈说要和小艺来个角色转换，也就是妈妈扮演小艺，小艺扮演妈妈。小艺对这个游戏感到很好奇，于是便同意了。母女二人从早上起床开始演起，"妈妈"开始叫"小艺"起床。只见"小艺"慢慢地从被窝里爬出来，再慢慢地做出拿衣服的动作，然后一点一点地把手伸进一只袖子，接着又是一点一点地伸进另一只袖子，慢慢地

孩子总是拖拖拉拉，妈妈怎么办？

整理衣服，慢慢地系扣子，慢慢地穿裤子……

小艺看到妈妈这样子，皱了皱眉头说："这也太慢了呀！你得快些，不然要迟到了。"

妈妈笑了，从床上起身下来走到了小艺面前，说："你也觉得慢了，是吗？你想想看，之前你每天早上起床是怎样的呢？"小艺忽然脸一红："好啦妈妈，我知道您的意思了。"妈妈点点头，说："这就好，我知道你一定能快起来的。我们从明天开始努力，好吗？"

小艺的妈妈采用的这种真实情景再现的方法，对孩子来说是一种视觉和心理的双重刺激，这将能帮他明白自己平常的速度究竟有多慢。如果他能看到自己到底浪费了多少时间，能体会到他人对这种"慢"的等待是一种怎样的心情，那么他就能有意识地去变快。

当然了，进行这种"体验"之前，我们先要了解孩子的性格特点，如果孩子非常敏感，感情细腻，那么我们这样的扮演可能会让他感到无比羞愧，他会觉得我们是在嘲笑他，这反而不利于帮他改掉拖拉的毛病。如果孩子是这样的性格，我们就要换一种教育方式了。

从我们自身开始纠正

在教育孩子之前，我们也该仔细审视一下自己，我们本身是不是就是慢性子呢？要知道，身为妈妈，如果我们本身就是慢性子的话，那么我们所创造的这种"缓慢"的家庭氛围对孩子也会有深刻的影响。

因此，要教育孩子，我们就要从纠正自身开始，适当地加快自己的办事速度。如果我们的家庭变成了一个积极进取的家庭，我们能够变得快起来，相信孩子在这种环境的影响下，也就能有所改变。

教孩子从他人的评价中纠正自身

随着年龄的增长，孩子会慢慢地听懂他人的评价；而随着他思想的成长，他也会逐渐领会他人的意思。我们要教孩子正确对待他人的评价，并要他从这些评价中学会纠正自身的缺点。

比如，当班级举行活动时，如果他因为磨蹭而拖了班级的后腿，那么同学们将会怎样评价他？有没有埋怨他、嘲笑他？同时他也要多想一想，为什么磨蹭就会受到他人这样的对待？我们要用一种坦诚的态度去和他探讨这个问题，千万不要带有指责与嘲笑的语气，否则孩子会因此而感到自卑。

它还不是最好的！

—— 苛求完美，为做好一件事不停地重复

人人都希望完美，随着年龄的增长，孩子也会有这样的期望。虽然追求完美可以代表一种积极向上的态度，但是有的孩子却可能因此而做出一些不恰当的举动。

上3年级的琪琪是一个很刻苦的孩子，她学习非常认真，成绩也很好，老师因此非常喜欢她。琪琪为了不辜负老师的喜爱，在各方面都非常努力，总想做到最好。比如，写生字时，如果有一个字她觉得没写好，便会用橡皮擦了再写；倘若感觉还是不好，她就继续擦继续写。如果还是觉得不行，她甚至会撕掉这一页，将所有的生字再誊抄一遍。她替自己辩解道："老师都喜欢这样完美的，我必须达到老师的标准。"

可是如此一来，琪琪每次写作业的时间都会很长，原本半小时的作业，她经常要写两个多小时。妈妈有时候不得不劝她："已经写得很好了。"可她却不听，非要按照自己想的去做，母女二人经常为此争论。

在这件事上琪琪是在走极端，为了追求完美而不停地重复，这样她会浪费许多时间，变得拖拉起来。有的孩子可能因为各种原因而去追求完美，但这样的追求却会成为他的一种负担，因为他还不能很好

地控制时间与自己的行为，有时候追求完美会浪费掉宝贵的时间。

那么，我们该如何对待这样苛求完美的孩子呢？

我们自身先不要过分追求完美

身为妈妈，我们的表现对孩子的影响是巨大的。如果我们本身非常追求完美，对自己的要求异常严格，那么我们的表现势必会成为孩子的"榜样"。而且，如果我们本身就要求完美，那么对孩子的要求也将会变得非常严格，这种约束与影响都会使孩子开始学习我们的思维方式，他甚至可能比我们还要认真，还要更加追求完美。

所以，要纠正孩子的这个毛病，我们要先从纠正自身的毛病做起。首先，我们不要对孩子要求过高，对于他的表现我们没必要斤斤计较，说话时也要适当放慢速度，多一些面部表情，这会让孩子放松下来。其次，我们尽量不要表现出对自己或对他人的不满意，尤其是不要总将注意力放在做错的事情上，要多想想自己或他人做得好的地方。最后，我们要让生活的节奏慢下来，不一定非要立刻就去改善做得不好的地方，而且也没必要总对孩子吹毛求疵，也不要经常要求他立刻纠正自己的错误。

针对孩子的特点来纠正他的"苛求完美"

虽然同为苛求完美，但每个孩子所"苛求"的重点却不一样。

有的孩子苛求自己的学习。尤其是对于小学低年级的孩子来说，由于刚接触作业，他可能会对其格外认真，就像上面故事中的琪琪那样，总认为自己做得不够好，于是一遍又一遍地重复。面对这样的孩子，我们可以先和他进行交流，看看他到底为什么会不满意，为什么要不断重复。如果他是因为自己写得不好看，我们就要提醒他这样的练习可以留到其他时间去做，不要在作业上浪费时间。如果他依然觉得自己做得不好，或者无法判断的话，我们可以让他先保留一次写完的作业，然后再在另一个本子上去重新写一遍,这时他要努力纠正他觉得写得不好的地方。第二天上学时,他再将两个作业都拿给老师,请老师给评判一下,如果老师觉得差不多,此时我们就要提醒他不要再做第二遍了。

　　有的孩子苛求自己的生活。比如,他会要求自己的东西不能乱放,如果我们动了,他会重新再摆一遍。他会主观地认为东西就该是那样放的,只要他觉得不对劲就会去更正。比如,我们原本帮他收拾好了房间,但他觉得很多东西摆放的位置不对,他重新摆放的过程其实就是一种对时间的浪费。面对这样的情况我们要保持冷静,要么帮他达到他想要的效果,要么放手让他自己去做。当孩子逐渐长大之后,他看问题的角度会变宽,这种苛求行为自然就会消失。

玩？好哦！学习？哼！

—— 要是玩，动作就快；要是学习，就磨蹭

孩子天性爱玩，他愿意去做他感兴趣的事情，并且乐此不疲。可是一提到学习，很多孩子立刻就会表现出不愉快的情绪，动作也会明显变慢，用我们的话来说就是"要多慢有多慢"，更有些妈妈将孩子的这种表现比喻为"一到关键时刻就老牛拉破车"。

一位妈妈这样抱怨说：

儿子简直就是个"两面派"，他爸爸要是周末早上跟他说："儿子，今天咱们出去玩。"他能在几分钟之内起床、穿衣、刷牙、洗脸，往往我们连衣服还没换好，他就已经迫不及待地等在家门口了。可要是我在晚上跟他说"快点把你的作业写完"，他"磨洋工"的功夫就开始"施展"了。他现在上3年级，老师留的作业并不算多。那些数学题，十几分钟就可以做完，可他非得耗到快睡觉的时候。一晚上别的什么都干不了，就只能做那么几道数学题。

看到儿子这个样子，我头疼极了。如果他能把玩耍的劲头用在学习上该有多好呀！

我们可以理解这位妈妈的无奈，也许在我们家里，也有这样一位"在

学习上磨洋工"的孩子。在我们眼里，他是不好好学习的孩子；在老师眼里，他也是不好好学习的学生。面对他"玩时快，学时慢"的状态，我们恨不得打开他的脑袋帮他将这两点做一个对调。

可是心急归心急，我们总要对症下药。这样的孩子并不是天生的慢性子，我们一味地批评甚至打骂也绝不是好方法，我们应该帮他调整心态，帮他将玩时的快动作巧妙地应用到学习中去。

提高孩子对学习的兴趣

孩子之所以喜欢玩，是因为他对玩感兴趣，我们也可以通过提高他对学习的兴趣调动他的学习积极性。简单来说，就是要让孩子感觉到学习是快乐的。

我们可以适当地放宽对孩子的要求，在他学习的过程中不要去批评他，及时对他取得的一点一滴的小成绩给予肯定与鼓励。同时，我们也可以寓教于乐，将一些知识融入孩子的生活与游戏之中，激发他的探索心。平时我们可以找一些古今中外名人用功读书的故事，鼓励他向名人学习，使他明白只有用功读书、好好学习，将来才能做更多他喜欢做的事情。

遏制孩子贪玩的欲望

随着科技的不断发展，现代社会可玩的东西越来越多，从简单玩具到高科技玩具，再到电脑中的小游戏及网络中的大游戏，孩子似乎是"不得不"越来越贪玩。我们需要意识到，要遏制孩子贪玩的欲望，就要对他进行正确的引导。

首先，我们不要无休止地满足孩子的要求。我们可能都希望给孩子最好的，于是就会给他买各种各样的玩具。我们不想让孩子受委屈，于是只要他要，就一定会给他买来。这样孩子玩的兴趣不知不觉就被我们给扩大了，到后来自然会难以控制。我们应该逐渐减少给孩子增加新玩具、引导他玩新游戏的机会。

其次，我们要有意识地对他在学习上取得的成绩表示出肯定与称赞，同时对他玩耍时取得的"成绩"要采取一种冷漠的态度。孩子都喜欢受到表扬，当他发现自己的学习成绩能够得到我们的夸奖时，他关注的重心就会向学习偏移。

最后，面对对玩已经很痴迷的孩子，我们不能一下子就阻止他去玩，而是要慢慢地减少家中能激发他玩的欲望的事物，减少他玩的机会。同时，适当增加一些与学习有关的物品，比如各种知识类书籍、地图，或者一些激励人学习的字画、装饰等。我们这样做的目的就是改变家中的气氛，用一种文化氛围对孩子产生潜移默化的影响。

帮孩子解决学习上遇到的问题

孩子之所以愿意玩而不愿意学，有时也不全是因为他贪玩。在他看来，学习很难，记不住、学不会、弄不懂；可玩很简单，随便摆弄几下就很有意思了，这样的孩子总是逃避学习，所以他学起来才会那样磨蹭、拖拉。因此，我们也要注重对孩子学习能力的培养，帮他解决学习上遇到的问题，使他不再对学习感到头疼。

我们可以先和孩子交流一下，看他到底是哪里出了问题。如果是他记不住，我们要帮他掌握记忆的方法；如果是学不会，我们就要帮他分析哪里不会，要么是我们给他讲明白，要么是让他去请教老师或其他同学；假如他只是单纯地觉得学习很累，我们可以帮他合理安排时间，让他能劳逸结合。

总之，当我们解决了孩子学习上的问题、提高了他的学习能力之后，再加上对他贪玩欲望的遏制，相信他就能够改正学习"磨蹭"这个毛病。

咦，那儿有只蚂蚁哦！

—— 注意力老是分散，做事自然拖拉

有的孩子之所以会磨蹭，是因为他的注意力不集中，任何一件小事、一个毫不相干的小东西都能吸引他的注意力，让他改变做事的初衷。当他的注意力被其他事情吸引时，他原本要做的事情自然就被耽搁了。

小舟在浴室里已经待了快两个小时了，可他还没有洗完澡。妈妈着急了，以为他在里面出了什么事，于是不停地拍着浴室的门，过了好久小舟才把门打开。妈妈急得大吼："你干什么呢？吓死我了！"接着她向小舟身后一看，浴盆里还漂着一只小橡皮鸭子。

妈妈立刻生气了："你洗澡的时候又玩鸭子了吧？洗个澡都这么不专心！"小舟嘟嘟嘴："不就玩了会儿鸭子吗？"妈妈一听更生气了："什么叫'玩了会儿'？你看看时间，看看时间！都两个多小时了！你什么时候能精力集中一些啊？"

看到小舟这个样子，妈妈会生气也在情理之中。很多孩子都有小舟这个毛病，他们总是很容易就被别的事情吸引，无论他们原本在做什么，眼前的一些玩具、用品，又或是外面的狗叫、车喇叭声，甚至是他头脑中的一些莫名其妙的想法，都可能会将他的注意力分散掉，使他的办事效率大大降低。

面对注意力分散而拖拉的孩子，我们需要帮助他强化自我控制能力，减少外界事物对他的吸引，帮助他学会集中注意力，使他从根本上快起来。

尽量给孩子提供一个安静、干净的环境

孩子很容易会被五颜六色的各种事物吸引，更容易对各种声音感到好奇。所以，要想提高孩子的注意力，我们首先就要从他周围的环境下手。

我们要给他提供一个安静的环境。安排他的卧室时，不要让屋子临街，以防止各种声音对他的刺激。而当孩子要学习或者做其他事情时，我们也尽量不要制造其他的声音，最好也不要看电视或听音乐，否则孩子就会因为这些声音而"走神"。

同时，我们还要给他提供一个干净的环境。在他的书桌上，不要摆放过多的玩具，墙壁上也不要张贴一些动漫图片或海报。而他的房间里，玩具的数量也要有所控制，稍微点缀一下就好，不要满屋子都是能引起他兴趣的东西。而且，随着他年龄的增长，我们也要适当减少玩具的数量，要增加一些书籍以及其他与学习相关的工具。

针对孩子的年龄特点，帮助他合理利用时间

心理学家研究表明，儿童注意力的稳定性是随着年龄的增长而延长的。一般来说，2~3岁时，专注的时间是10~12分钟；5~6岁时，是12~15分钟；7~10岁时，是20分钟；10~12岁时，是25分钟；到了12岁，就可以达到30分钟以上。

所以，我们不要总去抱怨孩子的注意力不集中，很可能他的集中时间已经过去了。我们需要根据这个数据来具体情况具体分析，帮助孩子在他能够集中的时间段内，将时间合理地利用起来。

比如，我们可以提高孩子做事的兴趣，如果那件事很简单，就要让他在固定的时间内"一鼓作气"；如果那件事有些困难，我们可以帮他分解成几个小任务，使他不断体验到成功，最终将事情做完、做好。

适当地给孩子一些提示

孩子的注意力不集中，做事缓慢。我们虽然着急，但也不能总是批评。我们可以换一种方法，适当地给他一些提示，将他的注意力重新聚拢起来。

比如，我们可以做一些小的醒目的提示牌，然后在上面写上"抓紧时间做作业啦""专心洗脸哦""快起床"，等等。这些提示牌会及时提醒孩子赶快做好他该做的事情。

不过我们也要注意，这样的提示牌不能太多，否则孩子会觉得生活没有自由；牌子的花边也不能太过花哨，尤其是不要用孩子喜欢的一些卡通动漫形象，更不能让它们占据很大的位置，否则他的注意力又会从提示语上转移到这些卡通形象之上，那么提示语也就起不到应有的作用了。

帮孩子在幻想中找到做事的目标

有的孩子注意力不集中，是因为他喜欢幻想。比如在原本该学习的时间，他却开始"神游天外"，幻想着各种各样的场景，并将自己放进这些场景中。于是，他在大脑里放起了电影，"故事情节"还会非常"曲折"。

赵陆有"神游"的毛病，学习到一半时，他的注意力总是会跑到天外去。一天，妈妈无意中发现正在学习的赵陆又开始看着窗外发起了呆，她刚想发火，但想想之前她曾经教育过他，似乎不太管用，于是，她决定换一种方法。

妈妈走进赵陆的房间，轻轻拍了拍他的肩膀，赵陆吓了一跳。妈妈笑着问："想什么呢？""没、没想什么。"赵陆支支吾吾地说。妈妈说："没关系，讲出来让我听听，我也休息一下。"赵陆沉默了一会儿才说："我在想昨天看的动画片，里面那个武士真厉害，将来我也要当武士。"妈妈问："为什么呢？""因为武士都很勇敢，他们帮助百姓对付坏人，都是大英雄。"赵陆带着一脸羡慕的表情说道。

妈妈又笑了："没错，武士的确是有这样的精神的。不过，你知道他们为什么有那么高的本领吗？"赵陆想了想，说："他们勤学苦练呗。""对呀！"妈妈接过话来，"他们的武艺是经过勤学苦练才练成的。如果你现在也勤学知识，将来你也能用知识帮助其他人。要知道，能做英雄的不光是那些武艺高强的人，知识也是一个强有力的武器啊！"赵陆听了连连点头。

妈妈趁势又问："那么，你现在知道该做什么了吗？"赵陆使劲点点头，说："认真学习！"说完，他重新打开书本，认真看了起来。

孩子的大脑里往往装着一个五彩缤纷的世界，他们非常喜欢幻想。我们可以像赵陆的妈妈那样，抓住他们爱幻想的这一点，帮他们创造一个场景，让他沉浸其中，之后再巧妙地引导他将注意力转向他该做的事情之上。当他有了目标，做事就不会再磨蹭了。

我心情不好！
—— 孩子高兴，就快；不高兴，就拖拉

心情也能左右孩子做事的速度，在他高兴的时候，他会觉得浑身都充满干劲，做什么都能做得很快，也能做得很好；而当他不开心时，他看什么都觉得不顺眼，好像所有人都在和他作对，因此他做起事来就会显得无精打采，速度与效率都会下降。

穆穆是个挺麻利的孩子，做任何事他都能做得又快又好。可是这一天，他却显得很反常。妈妈看他坐在书桌前半天了，作业却一个字都没写。妈妈有些好奇，走过去问道："怎么不写作业？作业很难？""我不想写！"穆穆没好气地回答，"我今天不高兴！"

妈妈听后想了想，说："哦？正好，今天我也不高兴。这样吧，我们先什么都不做了，互相说一说为什么不高兴吧。"说着妈妈拉着穆穆离开了书桌，母子二人坐到了沙发上，开始了互相倾诉。

原来穆穆是因为今天和朋友吵架才感到不开心的，而妈妈也恰恰是因为与同事意见不合发生了争执。妈妈说："我们还真是母子啊！连生气的原因都一样。"穆穆一下子被妈妈逗乐了。妈妈接着说："人们不经常说生活就是五味瓶吗？什么样的滋味都有。但我们得自己学

会调节呀！如果妈妈也因为生气不做饭了，我们全家不是都要饿肚子吗？吵架没什么，我们好好从自己身上找找原因，明天把事情说清楚就好了。"穆穆听了妈妈的话，频频点头。

妈妈笑着问道："怎么样？还郁闷不？现在想写作业了吗？"穆穆笑着站起身，重新坐回到了书桌旁，认认真真地写起作业来……

孩子的心智还不成熟，很容易就会被自己的情绪左右。就像穆穆这样，只因为和朋友发生了一点小矛盾，竟然连作业都拖拉着写不下去了。穆穆妈妈的处理方式很值得我们学习，她认同了穆穆的感受，同时又让他内心的不快得到了释放，接着她又及时地进行开导，这样穆穆的心结就被解开了，他的心情也变得平静了，做事效率自然也就提高了。

孩子的情绪大都很善变，所以出现这种"高兴就做得快，不高兴就做得慢"的状况也很平常。我们不要因此就冲他发脾气，更不要用暴力对待他，应该想办法帮助他改掉这个毛病。

帮孩子解决心理问题

年龄小的孩子对事情的感觉无非就是高兴与生气两种；而即便是年龄稍长一些的孩子，他们对事情的处理也大多会从自我出发，看问题的角度也会比较狭窄。因此孩子很容易就会出现心理问题，而他一旦有了负面情绪，可能就无法更好地处理事情。

我们要根据孩子的个性、年龄等特点，以及发生在他身上的事情的真实情况，来帮他尽快解决心理问题。此时我们要多和他进行沟通，尽量了解他不高兴的原因，针对问题的本质提出合理的建议与意见。

当然了，我们一定要注意自己的态度，不能太严肃，也不能去讲什么大道理，要用孩子能听得懂的话以及他们能理解的方式去解决。如果孩子的心理问题来源于我们做妈妈的，我们就需要好好审视一下自身，及时反省，努力去改变自己。

教孩子学会保持快乐的心

总是不高兴的孩子,他的心态就是不快乐的,他一直都背着负面的情绪,他的大部分时间都被用来对抗情绪了,自然就不能好好去做事。英国作家狄更斯曾经说:"一个健全的心态,比一百种智能都有力量。"因此,我们要教孩子学会保持快乐的心态,使他自己主动快乐起来。

我们可以先从自身做起,在家中营造轻松愉快的氛围;给孩子准备各种各样的书籍,鼓励他从书中获得更多的智慧;我们也要多考虑孩子的感受,及时帮他清理心理"垃圾"。同时,我们也可以用孩子感兴趣的游戏,调动他做事的积极性与积极的情绪。当孩子拥有了快乐的心态,他就一定不会再磨蹭了。

是去呢，还是不去？

—— 孩子犹豫不决，就会磨蹭、拖拉

犹豫不决是迟疑、拿不定主意的意思。由这个定义我们就能看出来，一旦一个人做事变得犹豫不决，那么他就会不停地思考、不停地权衡，这也会使他的行动变得缓慢。

有的孩子就经常犹豫不决，如果要问他要不要去某个地方，他一定会在那里想半天："是去呢，还是不去呢？"大量的时间就被他这种不断的而且毫无意义的思考浪费掉了，他做起事来自然就会磨蹭拖拉。

五一劳动节时，全家好不容易有了3天假期。放假第一天，妈妈问思思："你想去哪里玩呢？"思思想了想说："植物园吧。"妈妈刚要点头，思思却又说："嗯……我觉得自然博物馆好像也不错。"妈妈说："那你到底想去哪里？"思思皱着眉头说："植物园新引进了许多植物，看了可以长知识；自然博物馆我很早前就想去了，可惜一直没机会。……其实，我也想去游乐场玩一次的。"妈妈笑着摇头："像你这样选这个又选那个，总也决定不了，这怎么能行呢？"

思思听了妈妈的话有些着急了，可是越急，她越选不出来。就这样，

假期第一天上午，就被思思这"无止境"的选择磨蹭过去了……

虽然我们不提倡孩子鲁莽行事，但我们也同样不希望孩子变得过分地瞻前顾后。他不能总是在左右衡量，当机立断才是孩子能快速做事的条件，而犹豫不决一定会使他变得拖拉。而且，时间长了，孩子就会形成犹豫不决的个性。所以，我们应该及时帮他纠正这种不良习惯。

教孩子学会衡量"选项"

孩子为什么会犹豫？是因为在他心中，他无法正确衡量那些选项，他不知道哪个更重要，也不知道哪个是当下最该做的。要帮孩子摆脱犹豫不决的毛病，我们首先就要教他学会衡量其要做的事情。

在面对问题时，孩子要有一些必要的分析，我们应该指导他分辨出哪些事是必须做的，哪些事是可以缓一缓再做的。然后他还要对这些事情进行排序，从最重要的事情开始做起。

别说是孩子，现在有很多成年人面对各种事情都不会很好地进行选择，总也下不了决心。所以我们不要心急，要让孩子逐渐养成选择的习惯，当他的判断能力有所提高后，他的选择时间自然就会缩短。

帮孩子找到犹豫不决的根本原因

孩子犹豫不决的原因有许多，比如开篇故事中的思思，我们就要考虑她为什么会拿不准去哪里，是担心去的地方让她失望，还是怕父母会反对她的选择，不让她去？诸如这样的问题，我们只有深入询问，才能了解孩子内心究竟在担心什么。

我们虽然是在刨根问底，但也要注意自己的态度，不能问得太直接，否则如果问的问题伤害到孩子的自尊心，他也许会因为反感而不再吐露心声。我们应该让孩子知道父母对他是发自内心的关心，然后用平等的态度、温柔而简洁的表达方式来与孩子进行交流，这样才能找到孩子犹豫不决的根本原因。

鼓励孩子在限定时间内下决定

我们接着说思思的故事，看看思思的妈妈是如何解决这个问题的。

到了中午吃饭的时候，思思依然没有决定好要去哪里玩。妈妈看了看表，对思思说："这样好了，我给你3分钟，你再认真思考一下。最后给我一个答案，如果你说不出来，我们今天就不出去了。"思思一听这话有些着急了，不过她看到妈妈已经掏出手机开始计时了，于是赶紧思考。

时间快到时，妈妈数出了声音："…，6，5，4，3，2，1，时间到！思思，你想去哪里玩？"思思赶紧说："植物园。"妈妈笑了："这不是能决定吗？为什么要等那么长时间呢？以后这个拖拉的毛病可要改一改呀！"

思思的妈妈采用限定时间内做选择的方法，"逼迫"思思不得不当即做决定。不过，即便时间到了有的孩子也依然无法做决定，此时我们也可以采取思思妈妈的方法，取消活动，并且让孩子来承担这个责任。这也是在给孩子提一个醒。

我就不快！就不快！

——孩子用"拖拉"对抗妈妈的催促

孩子的这种磨蹭方式恐怕是最让我们头疼的，因为他并不是快不起来，而是根本就不想快。他"自如"地控制着自己的思想与行为，说白了就是在和我们作对。如果我们去催促他，他的回答也许永远都是："我不快！我就不快！"

晓东原本可以很快地做完作业，只不过做完作业后妈妈通常都要他练习书法或者背英语单词，他觉得很烦。于是，他便开始将做作业的时间延长，时间消磨够了，也就该睡觉了，这样他就不用写书法，更不用背那些可恶的英语单词了。不过，妈妈还是察觉到了他的想法，但她却并没有批评晓东，甚至都没提起这件事。

一天放学后，晓东依然和往常一样慢悠悠地写作业。妈妈趁他出来喝水时随便问了一句："作业写完了吗？"晓东故意摇头回答："哪有那么快啊！"妈妈点头说："哦，看来最近的作业都很难啊！"晓东不得不接下句说："是、是啊！老师真是的！"妈妈问："要不要我帮你？如果你有不会的地方，可以来问妈妈呀！""呃……"晓东赶紧说，"没事的，妈妈。您放心，我能搞定！"妈妈笑着点头："嗯，我相信你。"

晓东以为蒙混了过去，回房间后他依然很磨蹭地写着作业，并没有改变。后来，当他出来吃东西时，妈妈又问他："怎么样？攻克难题了吗？"晓东不想再像刚才那样被追问，连忙点头说："完了，完了。哎呀，最近老师布置的作业真难啊！"妈妈夸赞道："那太好了！我就知道你能行。既然你做完了，那过来给妈妈帮个忙，帮我缠一下毛线球。"晓东一下子傻了眼，他又不好说作业根本没写完，只得坐了下来。

结果，晓东当天的作业当然是没能完成，第二天他受到了老师的批评。从那以后，他再也不敢用拖拉法去"对付"妈妈了。

晓东以为自己可以"瞒天过海"，却没提防妈妈的"欲擒故纵"。我们说这位妈妈是一位聪明的妈妈，她没用打骂训斥的教育方式，只是用这样的一个小对策，就轻松解决了孩子拖拉的问题。

虽然孩子会用磨蹭来对付我们，但我们却没必要因此而大发雷霆，也没必要用强硬的态度去对待他。因为带有这种思想的孩子，往往已经有了逆反心理，我们的粗暴对待，反而会适得其反。所以，如果孩子的拖拉是这样一种情况，我们也要多动动脑筋，学会巧妙应对。

弄明白孩子用"拖拉"来对抗催促的原因

我们有谁不想过快乐的生活呢？即便是孩子，他也希望自己能轻松自由地成长。可孩子偏偏要用这样的一种方法与我们作对，明知道作对会带来不愉快的情绪，他却非要这样做，这究竟是为什么呢？

我们可以和他进行沟通，心平气和地与他就这件事情交流一下，听他诉一诉其到底有什么"苦处"。此时我们不要挖苦他，也不要批评他，否则我们的这种威严很可能会使孩子产生更为强烈的逆反情绪，他也就不可能将真心话告诉我们了。

我们要引导孩子说出他内心的想法与感受，如果是我们自身的原因，我们就要重新审视自己的教育方法与态度；如果是孩子的原因，我们则要帮他解开内心的疙瘩，平复他激动的情绪。

当然了，如果孩子真的只是无理取闹，我们就要郑重其事地对他提出要求，告诉他这样做是不正确的，是不尊重父母的行为，并要求他立刻停止这种做法。

尊重孩子的感受与意愿

大多时候，我们总是从个人意愿出发，去告诉孩子该怎么做、不要怎么做。我们是站在妈妈的角度去看问题的，总以为自己是为孩子好，可其实他也会有自己的想法，他对某些事情也会有自己的意见，而且我们的决定也不一定就是正确的。

既然我们也是在为孩子好，那么也不妨给孩子一个说话的权利，听一听他的感受与意愿，适当地放开手，让孩子自己去安排时间。我们不要总是催促他，也没必要非得要求他做这个做那个，我们应该信任孩子，相信他能做好他该做的事情。

学会对孩子"欲擒故纵"

欲擒故纵，是兵法三十六计中的第十六计。意思是说，原本想要捉住某人，却故意先放开他，使他放松警惕最终暴露自己，然后再将其捉住。

对于年龄稍大一些的孩子来说，这种故意磨蹭的做法就会显得越发明显，他可能会为了达到自己的某些小目的，比如要出去玩或者逃避学习等，而使出这样一种"小手段"。此时，我们也可以尝试使用这一方法，就像上面故事中晓东的妈妈那样，巧妙地使孩子改掉故意拖拉的毛病。

在使用这样的方法时，我们要注意不能着急，否则孩子作对的心理会更加强烈。我们还要弄清孩子磨蹭的原因，假如孩子之前并不磨蹭，只是突然有了这样的举动，我们就要好好想想，多问一问，看他是不是遇到了什么问题，我们是不是忽略了什么。

第二章

快点快点，赶紧的！
——催促孩子，会让他变得更慢

　　妈妈催促着孩子"快点快点"，恨不得让他一瞬间就将所有的事情都做完、做好。但是，妈妈的催促却无意间打乱了孩子的做事节奏，他的注意力也会因此而分散。他拖拉的毛病一点儿也没有改掉，反而变得更慢了。此时，我们就该好好反思一下自己的做法了。

第二章　快点快点，赶紧的！　——催促孩子，会让他变得更慢

快点收拾干净！

——越说快，孩子越快不起来

星期六，小辰邀请朋友来家里玩。小辰倒是很热情，拿出了自己的玩具、零食、漫画书，几个孩子在小辰的屋子里又笑又闹，玩得不亦乐乎。下午，玩得尽兴的伙伴们纷纷离开了小辰的家，小辰还一副意犹未尽的样子。

妈妈一走进小辰的房间，立刻皱起了眉头。原来小辰和伙伴们将房间弄得乱七八糟，东西堆得到处都是，屋子里就快插不进去脚了。尤其是小辰的床上，什么都有，他的床铺简直变成了一个杂货摊。

妈妈说：“你快点把房间收拾干净吧！”

小辰答应着开始动了起来，漫画、玩具，被他随便地塞进了书柜和玩具箱，零食包装和未吃完的蛋糕、苹果、瓜子被他一股脑地都收进了垃圾袋，甚至还有一瓶开了盖喝了一半的饮料也被他直接扔进了垃圾袋，可桌子上却还有许多碎屑。

妈妈看着小辰的动作，眉头皱得更紧了：“唉，你那是在收拾吗？怎么越收拾越乱呢？给我好好干！”小辰吐了吐舌头，只得重新去收拾，可是他的速度慢了许多，妈妈又不乐意了：“我说你能不能快一些啊！”

孩子总是拖拖拉拉，妈妈怎么办？

这下轮到小辰皱眉头了："妈妈，您又要我收拾好，又要我动作快，我该怎么办啊？"

生活中我们可能也会遇到小辰家的这种情况。看到孩子的床铺又是被子又是衣服，书本、玩具也堆在上面，我们一定也会很生气，就会像小辰的妈妈那样训斥孩子说："你怎么能将床铺弄得这么乱？快点收拾干净！"不过，我们有没有想过，这个"快点收拾干净"其实是一句前后矛盾的话呢？

在孩子看来，如果要快点，那么他的动作必须要很迅速。可孩子的肢体协调能力并没有达到我们成人的水平，因此他很可能就会在快的过程中遗落下什么东西；可如果要干净，那么他就必须认真仔细地去检查每一个地方，这本来就是个耗费时间的"工程"，又怎么可能快得起来呢？

因此，当我们给孩子下了这样的一个命令时，很可能就会出现这样一种情况：我们越是催促他，要他快点收拾干净，他反而越会变得手脚忙乱，到头来什么都收拾不干净。他慢下来，我们不满意；他弄不干净，我们同样会训斥他。当孩子处在这种"两难"的境地时，他会感到烦躁、感到委屈，我们也同样没有什么好心情。

让孩子一步接一步地做事

"快点""别毛手毛脚的""你动作再迅速点行不行""收拾干净啊"……这样的命令我们往往不会分解使用，一般都会一股脑地全都用上。我们的命令是发出去了，可孩子就该糊涂了，他到底该听哪个呢？他到底该先做哪个呢？如果只有一句话、一个命令，孩子就不会觉得难办了，也就不会感到困难了。

所以，我们应该让孩子一步接一步地去将事情完成。也就是说，我们要将"快点收拾干净"这个命令拆开。在事情面前，我们首先就要学会斟酌。还以孩子床铺凌乱的问题为例，我们不能上来就要求他一下子做到和我们一样，能又快又好地收拾干净。我们可以先要求他将床铺上的东西归类放好，被子是被子，衣服是衣服，书本和玩具也要放回到它们原来的地方。经过几次训练，当孩子能将这些动作做熟练之后，我们再要求他加快速度。

要给孩子锻炼的机会

前面我们已经将命令分解开了，那么下面就是要加强对孩子的锻炼了。平时，在遇到孩子弄乱了房间时，就可以借机让孩子进行锻炼。在这个过程中，他归纳物品的能力、物归原处的能力、将物品有序摆放的能力都能得到增强。或者，我们也可以给孩子创造这样的场景，比如，我们可以和孩子玩一次计时整理的游戏，先弄乱他的书桌或床铺，然后给他计时，看他在多长时间内能将书桌或床铺恢复原样。生活中有很多这样的机会，孩子通过这些锻炼就能在不知不觉中让自己的能力得到提升，能力提升了，他做得熟练了，速度自然也就会上去了。

及时表扬孩子的进步

有的妈妈可能觉得，孩子在做这些收拾桌子、整理床铺等小事情时，往往做不好，不是太慢就是方法不对，如果表扬他的话，他不就更不会有进步了？其实不然，孩子都愿意得到我们的称赞。而且，如果我们表扬他做得又快又好，那么第二次他再做时，无论是质量还是速度都会有更大的提升。

所以我们要转换一下思路，不要反复地催促孩子，而应在他做完一件事时去表扬他："啊，你做得真快啊！真好！"或者称赞他："呀！你能收拾得这样干净了，值得表扬。"这样的说法会使孩子感到开心，他就能做得更好，我们也自然不会越来越生气。当然，我们的表扬一定要实事求是，不能为了鼓励而虚假地夸奖他。

快点，快点啊！

—— 妈妈别用"快点"妨碍孩子的独立

一般来说，我们这种"快点"经常会出现在孩子早上起床或者他要出门时。很多妈妈都将这些时候称为"最忙乱"的时刻，因为起床、出门前的时间都很短暂，但要做的事情却有很多，起床、穿衣、刷牙、洗脸、整理床铺……这一系列的事情都要在较短的时间内完成，否则就会耽误出门的时间；而到了出门前，整理衣帽、检查要带的东西、穿好鞋子……眼看着要出门了，这些基本的事情也必须尽量完成，否则就会影响上学或将要做的事情。

所以，遇到这样的时刻，我们总是不自觉地催促孩子："快点！你倒是快点啊！"我们总是觉得他的动作很慢，也总是担心他做不好，我们的催促就像是一个又一个的提示牌，可以说孩子"永远"也忘不了东西，因为我们会在催促中提醒他。

学校组织同学们去春游，头一天放学时，老师提醒大家："明天早上一定要早起，大家7:00要到学校门口集合。"童童一听要去春游，自然兴奋不已，晚上很晚了还睡不着觉。

结果第二天早上，他起不来了。妈妈从5:30开始叫他起床，一直

第二章 快点快点，赶紧的！——催促孩子，会让他变得更慢

叫到 6:00 他才勉强爬起来。接着，妈妈又不停地催促他：

"快换衣服啊！"

"牙膏挤好了，快刷牙、洗脸！"

"蛋糕在桌子上，快吃两口。"

"你水壶装好了吗？没有？快点倒水！"

"看看看看，都 6:15 了！"

"哎，你那鞋带，鞋带没系好！"

"我说你快点行不行，真的要赶不上了啊！"

……

当然，妈妈只是这么说罢了，童童还是赶上了学校的集合时间。坐在学校的包车上，童童和自己的伙伴们吹起了牛皮。

"我今天 6:00 才起，可你们看我，6:35 就到了，快吧？我妈把什么都想好了，倒是省了我不少事。不过，她就是唠叨了些，她要是不这么催我，我可能比这还快。"

我们的催促，会让孩子不再动脑筋去思考，所以童童才觉得"省事"。而我们的催促也剥夺了他自己做决定的权利，他就像是小木偶，我们则是他的操纵人，我们的催促就是操纵线。如果我们不放开那些"操纵线"，孩子永远都不可能自己动起来，他自然就会变得磨蹭。

别让孩子形成依赖心理

我们的催促虽然看似是在提醒孩子不要遗忘什么东西，不要忘做什么事情，可事实上，我们这种总是告诉他什么该做、什么不该做的做法，却会导致他形成一种依赖心理。他会认为："反正妈妈都会替我想着，我就算再磨蹭，妈妈也能帮我考虑周全。"就像童童这样，他觉得妈妈为他想得周全，省了他不少事。

可事实上，虽然现在看似省事了，但将来呢？我们不可能一直都帮他这样"省事"，将来他必须要自己为自己"省事"。所以，我们

该好好衡量一下我们这些催促的作用与价值了。我们要慢慢地减少像童童妈妈这样的催促，应该提醒孩子自己考虑好自己的事情。

适当地允许孩子自己安排时间

我们总是不放心孩子，生怕他因为时间观念淡薄而耽误了重要的事情，所以我们就尽量帮他做好一切。可是，我们越不让孩子自己去安排时间，他的时间观念就会越淡薄。

我们也要适当地允许孩子自己安排时间，比如，起床穿衣要用几分钟，刷牙洗脸要用几分钟，吃饭的时间需要多长，等等。当孩子自己能把握时间的用度时，我们就不要再去催促他了，他既然能在限定的时间范围内做好事情，我们又何必多此一举呢？

当然，之所以说是要"适当地"允许，是因为孩子也会遇到一些特殊的情况。比如，紧急时刻他必须马上出门，或者他着急做某些事情。对于几岁、十几岁的孩子来说，他也许还不具备处理突发事件的能力。此时，我们可以帮他合理安排一下时间，使他不至于太过忙乱。

给予孩子最基本的信任

我们之所以会觉得孩子不可能自己处理好问题，觉得他太慢，主要原因就是我们还不太信任他。可事实上，孩子真那么不值得我们相信吗？他就真的不能独立地将事情做好吗？

妈妈每天早晨都要喊奇奇起床，然后就是一连串的催促，奇奇每天起床的情景就像是在打仗。一天晚上，妈妈发烧了，想到第二天不能喊奇奇起床，她只能先提醒他，告诉他第二天他都要做什么。

第二天早上，妈妈睡得迷迷糊糊的，听着奇奇自己在外面走来走去，做着各种该做的事情。妈妈正担心他会迟到时，他却走进来和妈妈说："妈妈我走了，您好好休息吧！"奇奇走后，妈妈看了看表，她惊讶地发现今天她没催促奇奇，可他竟比往常提前了十几分钟出门。

第二章　快点快点，赶紧的！——催促孩子，会让他变得更慢

原本我们总认为，孩子什么都不行，如果没我们的催促和提醒，他还能干什么呢？可看看这位妈妈的经历，我们是不是也该有所感触呢？孩子其实早就已经能够独立了，只不过是我们还舍不得放手。因此，我们要相信孩子能做好，就算他这一次做不好，下一次他也会更加努力。我们的信任就是对他独立的最好支持。

快去××！快去××！

——别让几个"快去"分散了孩子的注意力

在我们的眼里，孩子似乎浑身上下都是毛病，我们总是能从他的举止言行中发现他做得不好的地方。而且，我们一旦注意到了就会忍不住说出来，接下来家中一定会出现这样一种情况：

小航最头疼妈妈的催促，因为每次妈妈一催他，总是好几件事同时出口。比如，有一次妈妈要他收拾房间，可能是嫌他收拾得太慢了吧，妈妈一边帮忙一边说了起来："你看看你啊！这书你还看不看？不看就快把它放到书柜上去，别放在这里占地方。这杯子又是怎么回事？要是不用就把它刷干净收起来。还有这玩具和课本，你把它们堆在一起，到时候你找得着吗？快把玩具收进箱子里。呀！这黏糊糊的是什么？你说你吃完口香糖也不扔出去，随便用纸一包就放这里了，多脏啊！快扔出去吧！唉，你这东西这么多，什么时候能收拾完啊？你看看，时间都被浪费了。唉，我说你倒是快点呀！"

一听到妈妈这连珠炮似的催促，小航就感觉头大了好几圈，他经常是站在那里不知道该先做哪一件事。妈妈给他"指挥"的"路线"太多了，他压根就不知道该往哪里走了。

可能我们觉得这些事情很平常，说出来不过是给孩子一个提醒罢了。但我们这样的催促，却会弄得孩子根本就不知道他该做什么、怎么做，他的注意力被分散给很多事，脑子里塞满了各种信息，他当然会觉得头大。我们一连说出好几个"快去"，孩子也就不得不同时注意几件事。对于思维发展尚不成熟的孩子来说，在同一时间里被要求做很多事，他几乎是无法招架的。

既然我们都知道，孩子只有集中注意力才能做好事情，那么我们就不要再催他同时做许多事情了，最起码也要让他能厘清做事的顺序。

别一次性给孩子下很多命令

像小航妈妈那样的做法，就是一次性给孩子下很多命令。而且在妈妈看来，无论哪个命令都很重要，不管哪一个命令，孩子都应该做到。而这也恰恰是孩子感到头疼的地方，他不知道该将注意力放在哪里，不知道如果一旦自己做错了、动作慢了，妈妈会在哪件事情上批评他。

我们要将对孩子的要求分解开，在同一个时间里最好只让他做一件事。我们在催促孩子快一些的同时，自己也要沉得住气。而且，孩子也并不像我们想的那样什么都不知道，所以很多时候，我们可以只给他下一个命令。

就拿小航的故事来说，妈妈完全可以这样说："在一个小时之内，请把你的房间收拾干净。"这样的一个命令将所有的事情都包括进去了，而且也给了孩子时间限制。相信在他听了这样的命令后，注意力就会全部集中在"收拾房间"上，而且会做得又快又好。

给孩子留出集中注意力的时间

有些事孩子是知道先后顺序的，也知道轻重缓急，因此我们没必要总是去提醒他。而很多时候，孩子之所以慢，就是因为我们没有给他集中注意力的时间，他可能在我们不停的催促中混淆了很多事情。

我们的催促原本是想让孩子集中注意力的，所以我们不要自己歪曲了自己的意图，要选择合适的说法，给孩子时间让他集中注意力，他自然就会知道哪件事该先做哪件事该后做。比如，我们说："写完作业了吗？你看你桌子乱的，好好收拾一下！"如果我们这样一说，孩子就会糊涂了，他刚想去做作业，但我们却又让他收拾桌子。我们完全可以换一种说法："不收拾干净桌子你该怎么写作业啊？去收拾干净吧。"这时孩子就会明白，收拾桌子是先要做的事情，他的注意力就会集中在这上面；而收拾完之后，他也会想到，之所以要收拾桌子就是为了要写作业，那么做作业时他也就能专心致志了。

在孩子专心做事时，不要催促他

还有一种情况会使孩子的注意力变得分散。那就是当孩子原本已经在专心做一件事时，我们却"及时"发现了某些我们觉得不妥当的地方，于是"忍不住"告诉了他，这样，他原有的做事思路一下子就被打断了。

露露认真地画着画，妈妈无意间经过她身边，发现地上有一堆废纸，还有几个空颜料管。于是就说："你看你把这里弄得一团乱，快收拾吧！"露露的画还没画完，可妈妈已经开口了，她只得停下画笔，转而去拿扫帚收拾地上的垃圾。可她刚拿起扫帚，妈妈却又说："唉，你这画怎么能画一半呢？做事要有始有终。"露露拿着扫帚不知所措了……

类似这样中途打断孩子的事情我们最好不要做，当孩子在专心做事时，就要让他专心做完，然后我们再向他提出另一件事。否则，孩子就会认为我们是乱下命令，可能到头来一件事都做不完。

所以，当遇到这样的情况时，我们要忍耐一下，同时冷静思考一下，斟酌一下自己的语言，使我们的话不再令孩子反感。

你快点说啊！

—— 孩子有话说不出，反而说"没什么"

作为妈妈，我们大部分人都会觉得一天下来非常忙碌，上班的妈妈又要工作，又要照顾家庭；即便不上班，每天似乎也有做不完的家务。我们可能都深有体会，忙碌的时候最不愿意有别的事情来打扰。可孩子有时候却偏要选这样一个时间来对我们说半句话："妈妈，那个……"我们等着他说后半句，可他扭扭捏捏就是说不出来。我们一着急，张嘴就会说："要说什么快说啊！"我们这样的话一出口，孩子就立刻就"不"为难了，他会马上改口说："没什么。"留下我们在那里干着急。

点点放学回到家，放下书包后在屋子里"踌躇"了许久，最后终于下定了决心。他来到厨房，在妈妈面前晃来晃去，妈妈觉得他有些"碍事"，于是就问道："怎么，有事吗？""妈妈，那个……"点点张了张嘴，然后又闭上了。

妈妈觉得他一定有事，便索性停下手里的活儿，蹲下身子说："没关系，有什么事情直接说就好了。"点点这才再次开口说："妈妈，您……再给我些零用钱好吗？"妈妈说："你的零用钱花光了吗？"点点摇摇头："不是的，妈妈。下星期我的好朋友小力过生日，我想送他个礼物。

孩子总是拖拖拉拉，妈妈怎么办？

我在玩具店看好了一架飞机，可是我钱不够。妈妈，您再给我些好吗？"

妈妈想了想说："嗯……其实我们也不必非得买礼物，你自己动手做一个不是更好吗？我记得前一阵子你用硬纸板拼插了一架小飞机，我觉得那样的礼物就很好。你还可以把祝福的话写到上面，你觉得呢？"点点听了眼前一亮："对哦！好吧，我再做一架新的送给他好了。谢谢妈妈！"

看到孩子的问题被圆满解决，我们自己也会非常开心。而这个问题能够解决的前提，就是我们不能急躁，不能去催促支支吾吾的孩子。否则，就拿点点这个故事来说，如果妈妈一开始看到他转来转去就急躁，看到他说不出后面的话就催促"你倒是快说啊"，相信点点一定不会说出他的心事，妈妈也不可能帮他想到这样好的办法。

不仅如此，我们也可以设想一下，如果我们受不了孩子的这种欲言又止，大喊道："你到底想说什么？快说啊！"孩子看到我们这种不耐烦的样子，就会将话咽回去，转而说："没什么，我没事。"虽然他这样说，但他的内心一定会不甘心。这样一来，我们和他之间就会产生一种隔阂。可事实上，我们也许并没打算拒绝他的要求，只是有些受不了他这样忸怩而已。由此看来，我们需要格外注意自己的说话态度。

别对孩子的忸怩生气

孩子之所以有话说不出，是因为他自己就知道，他将要说出来的话也许妈妈会不同意，也许还会招来妈妈的责备。也就是说，他内心已经对将要说的事情有了一个评判。

单从这点来看，我们难道不觉得孩子是可爱的吗？他没有直接下要求，也没有自己武断地去决定，他是在用一种试探的方式来征求我们的意见。如果我们能这样想，我们也就不会对他的表现感到生气了。而且，我们也不要直接对他大喊大叫，否则这不仅不能让他说出想要说的话，同时还可能会封闭他的情感。

引导孩子说出想说的话

　　孩子有话不说，其实不仅他心里不舒服，听他说话的我们也同样觉得有些"憋得慌"。着急之下我们自然就会使劲催促他，可这样的催促却会使他更不愿意开口。所以，我们该学会引导孩子说出他想说的话。

　　遇到孩子欲言又止时，我们先要保持平静，要像上面故事中点点的妈妈那样，静下心来安抚孩子的情绪，然后慢慢引导他说出其真实想法。

认真、平静地听孩子说话

　　当孩子肯将自己的意思表达出来时，我们就要认真听他说话。千万不要忙着手里的活而心不在焉，否则我们也就弄不清楚他到底想要说什么了。如果孩子忸怩着，不好意思开口讲他极度想讲出来的话，那么其欲表达的内容恐怕会触及我们的某些"底线"。

　　在听孩子说话时，我们千万不要着急，要保持平静，就算是孩子说出了一些让我们感觉很不合理的话，我们也不能随便打断他，要耐着性子听他说完，允许他完整地表达自己的意图，然后再根据事情的性质去下结论，并表达我们的想法。

你怎么还是这么慢！

—— 孩子会感到委屈，感到妈妈冷漠

孩子经常会做错事，我们自然要担负起纠正他错误的责任。可我们在指出他的这些错误时，不知不觉中就会越说越急、越说越生气，然后就会发起脾气来。也许是无心，也许是有意，"你怎么还这么慢"这样的话也就脱口而出了。

可当我们说出这样的话之后，孩子往往都会觉得很委屈。如果我们再因为生气而不理睬他，他可能就会感到我们很冷漠。这种冷漠多多少少都会给他带来一些负面影响。

自从瑶瑶上小学之后，妈妈就提醒瑶瑶，早上穿衣服要快一些，上学之前自己的东西也要整理得快一些，可瑶瑶也许是刚从幼儿园那种自由的状态转换过来，她一时间还无法立刻进入上学的紧张状态。所以，妈妈的催促使她变得忙乱不堪，所有事情都做得很不尽如人意。

一次，妈妈又因为瑶瑶动作缓慢而发起了脾气，看着瑶瑶慢悠悠地整理着书包，妈妈忽然说了一句："你可真是不像话！说了你多少次了？你怎么还是这么慢？"说完，妈妈很生气地抢过瑶瑶的书包，迅速地帮她整理好，然后拽着她就出了门。

第二章　快点快点，赶紧的！——催促孩子，会让他变得更慢

上学路上，妈妈一句话都没和瑶瑶说，瑶瑶觉得心里很委屈，她想让妈妈不要生气了，可她一看见妈妈阴沉着的脸，就很害怕。结果这一天，瑶瑶都很没有精神，听课也总是走神。

从上面的事例可以看出，"你怎么还是这么慢"这样的话会让孩子变得非常不安，这话虽然简短，却是冷冰冰的。妈妈这样的训斥无益于亲子关系的良好发展，最好改掉。

学会调节自己的心态

有的妈妈说："我那不是着急吗！看看别人的孩子，看看人家都能动作迅速、保质保量地做完事情，再看看我家这孩子，慢吞吞的，让人怎么能高兴起来？"一想到这些事，我们可能很自然地就会变得冷漠、严肃，甚至看见孩子就会生气，进而就去严厉地训斥他："你怎么就那么慢！"

其实我们完全没必要这样严格要求孩子，他不就是慢了点吗？但他还是有很多其他的优点呀！我们要学会调节自己的心态，知道孩子有缺点，也要看到他的优点，这样一平衡，我们就不会觉得孩子的缺点是那样让人难以忍受了。当我们安静下来时，才能想到更好的方法来帮助孩子改正缺点。

训斥过后不要冷漠地对待孩子

我们都知道，生气是一个过程，可能开始会很快，但结束时总是要慢慢地消散。有的人可能消散比较快，一会儿就恢复如常了；但有的人却会一直处于那种气愤的状态之中，对其他人也会保持一种冷漠的状态。作为妈妈，虽然我们对孩子生气，他的某些作为让我们很不能接受，但是我们不能以冷漠的态度对待他。

其实孩子犯错、记不住我们说的话、动作慢……这些并不是什么大问题，我们生气可以理解，可发完了火，训斥完了，那就让事情过去吧，

不要总记着。对孩子该表扬时表扬，该关爱时关爱，我们要将生气与爱孩子分开。这会让孩子感受到，即便我们发怒了，但我们依然是爱他的。

换个表情来提醒孩子

说话不只是依靠语言来传递信息，有时候表情和动作也占据很大一部分比例。如果我们用严肃与冷漠的表情来教训孩子，他一定会感到很害怕，假如我们再用这样的表情去催促他加快动作，他要么会因为害怕而更加做不好，要么会产生逆反心理，更加和我们作对。

我们若是换一个表情的话，可能结果就会好许多。比如，我们用一种比较缓和的表情来教训孩子，说"这可不行啊！你该好好反省一下自己的行为"，我们这样一说，孩子就能放松下来，他也许就能认真思考他的行为究竟哪里出了毛病。或者，我们笑着去提醒他："啊呀呀，我们的'小磨蹭'能再快些吗？"孩子此时也就知道他的确是该加快速度了。

这种表情的变换势必会缓解孩子因为做错事或动作慢而带来的紧张感，也许他的潜能就会因此被激发出来。

第三章

妈妈，请别不耐烦！
——认同并尊重孩子做事的节奏

我们为什么会嫌孩子做事动作慢？为什么会忍不住想要训斥他？我们有没有想过自己当时是一种什么心理呢？是不是觉得孩子的慢动作影响了我们的做事计划，所以我们才会不耐烦？我们不该将自己的忙碌强加到孩子身上，而应该认同并尊重他的做事节奏。

第三章　妈妈，请别不耐烦！——认同并尊重孩子做事的节奏

别磨磨蹭蹭的！

——孩子其实有自己做事的节奏

我们有自己的做事节奏，因为我们知道时间该如何分配，也知道该如何协调各种事情之间的关系；我们可以在同一个时间内做很多事，更能用最短的时间将所有工作都麻利地完成。可归根到底，这节奏还是我们的，并不是孩子的。孩子还处于成长阶段，他不可能那么快就懂得如何有效利用时间，他有属于他那个年龄的、特有的做事节奏。既然节奏根本就不同，我们又何必非要强求孩子必须按照我们的节奏去做事呢？

星期六时，全家进行大扫除。妈妈打扫客厅和大卧室，厨房和厕所归爸爸管，而小卧室则是小振的"管辖区"。爸爸妈妈都认真地干着，中午吃饭前就已经又快又好地完成了自己的任务。可小振却还在收拾，一方面是因为他觉得收拾屋子太麻烦，另一方面则是因为他的屋子里有玩具，也有书本，还有一些小工具。他想要将这些东西进行分类，书本放进书箱里，玩具丢进玩具箱，小工具则放进专门的小抽屉。这样一来，他劳动的速度就慢了许多。

看着爸爸妈妈已经开始做饭了，小振也有些着急，可他又快不起来。

孩子总是拖拖拉拉，妈妈怎么办？

妈妈进来看时，发现他还蹲在那里慢悠悠地整理书本，床上被褥还是很乱，桌子上也摊着一堆东西还没收拾。看到这样的情景，妈妈立刻就皱起了眉头："我说你怎么还这么磨磨蹭蹭的？动作麻利些不行吗？快点把东西往箱子里归置，整整床铺、擦擦桌子就完了。这都快吃饭了，你看你还在这里拖拉。"

小振听了妈妈的话有些不开心，快是一方面，但他总要将东西都整理好吧？妈妈怎么能这样说他呢？

妈妈会觉得，有些事还是越快做完越好，就算再不情愿也要做，早做完早没事。但孩子可能并不这样理解，所以才会有小振这样的磨蹭。而且，孩子也有他自己的做事方法，如果按照他的方式去做，速度自然比不上妈妈。毕竟，妈妈经常做事，已经形成了一种快速处理事情的习惯。我们对孩子这样催促，在他听来，就好像是我们在训斥他，小振也是因此才觉得不开心的。

其实孩子是有自己的做事节奏的，我们不能硬将自己的节奏套在孩子身上，而孩子也必须要有属于他自己的节奏，这样他才能独立自主地处理问题。

别总以成人的标准来要求孩子

我们已经是成年人了，在处理事情的时候，我们自然知道该怎么做，也自然知道怎样才能高效地将时间利用好。我们可能会对自己要求很高，因为我们内心总会这样想：愿意做的事情倒也罢了，那些不愿做、麻烦的事情，到最后就算再怎么不想做，不是也一样要做？与其拖拉着不做或做不完，倒不如赶紧集中精力完成它，省得浪费时间。我们是明白这个道理的，所以我们能很好地完成这些要求。而且，如果当天没将这些事情做完做好，可能我们还会觉得身上、心里都不舒服。

但是，孩子还没有达到我们的标准，所以我们的要求对他来说严苛了一些。可能有的妈妈觉得："现在对孩子严格一些，是为他以后着想。"但我们也该想到，孩子的发展是有规律的，很多东西他是需要慢慢学的，他的能力也是要慢慢培养的，我们不能要求孩子在几岁的时候就做到像我们这样的程度，那也是违反他的成长规律的。我们应该顺应他的成长规律，适当地给他定一些规矩，使他能按照自己的节奏将事情做好。

尊重孩子的办事节奏

我们总是嫌孩子慢，可在孩子看来，他并不慢。那我们为什么会觉得他慢呢？因为我们并没有将孩子看作是一个独立的个体，所以总是"无视"他的节奏，只按照自己的节奏去做。

其实，只要孩子能在一定的时间里完成他该做的事情就可以了，我们又何必非要催他赶上我们的脚步呢？我们这样催促孩子，其实是在向孩子表示自己的不满。这样的催促就好像在告诉他，"我很忙，你这么慢耽误了我的计划"，这种催促已经接近抱怨的性质了，孩子听来自然会感到不舒服。所以，我们应该尊重孩子的办事节奏。

我们要放宽心态，如果孩子能完成一件事，那就鼓励他按照自己的节奏去做。还是那句话，当孩子逐渐将这些事做熟之后，他自然就能快起来。

不要随便就说孩子懒惰

我们起床3分钟就将所有事都做好了，可孩子起床，30分钟都不一定能干完所有的事，更别说将事情做好了。因此，我们就会拿自己的3分钟来批评孩子的30分钟，就会说他磨蹭、懒惰、胡闹。这样仔细想一想，胡闹的究竟是谁呢？真的是孩子吗？

我们不能总把自己当作衡量快慢的标准，而应该用孩子那个年龄段的标准来要求他。比如，就7岁的孩子来说，早上起床在30分钟内自己穿上衣服、自己刷牙洗脸，甚至能有整理床铺的意识这就已经很好了。我们甚至应该就此表扬他的自理能力，而不是批评他做得不好。也就是说，我们在训斥孩子懒惰时，也要看清楚他是不是真的在其能力范围内偷了懒，看他是不是真的比同龄的孩子慢许多。然后，再针对具体的情况开展教育。

第三章　妈妈，请别不耐烦！ —— 认同并尊重孩子做事的节奏

没看我忙着呢吗？

—— 妈妈总是忙，孩子想说都没机会

锐锐放学回家，刚想跟妈妈汇报他今天做了好事受到了老师的表扬，就被催促写作业，"作业呢？快点写作业去！写完作业再说别的。"锐锐听了只得先回到自己的房间，掏出了作业本。

半个小时之后，锐锐终于写完了作业，他迫不及待地跑出屋子，又恢复了刚进家时的兴致："妈妈，妈妈，今天在学校……"

妈妈手中不停地干着活儿，洗菜、切菜、刷盘子、洗碗，还要看着火上正在烧的菜，她根本没有时间听锐锐讲话。

锐锐噘着嘴离开了厨房，一边走他的嘴里还一边嘟囔着："哼，说什么一会儿，一会儿又该洗衣服、收拾房间了，要不就是催我上床睡觉。妈妈总是命令我做这个做那个，却总也不听我说话。"

事实上，作为妈妈我们可能真的很忙，尤其是在孩子小的时候，我们要忙的事情更是非常多。可即便这样，我们也不能总将忙当作借口，当我们不给孩子说话的机会时，孩子可能也会逐渐地对我们关上心门。

也许会有妈妈说："忙了一天了，好不容易想歇歇脚、喘口气，可孩子还要过来吵闹，我真的很想安静地休息一下。孩子能说什么呢？"

无非就是些发生在身上或者身边的那些小事，我只能用'我很忙'来推托。"我们都有这样的感觉，很累的时候，真的是什么都不想做，什么都不想说。不过，如果我们真的总用"很忙"这样的字眼来打发孩子的话，那么他以后可能会不再来"打扰"我们了，那我们就会失去倾听孩子心声的机会。

给孩子留出一定的时间

虽然忙碌，但我们必须要抽出一定的时间来和孩子进行交流。千万不要让自己与孩子之间的语言沟通只剩下我们对他的催促，以及他对我们的应付。

给孩子留的这个时间不一定长，只要够他和我们聊一聊天，互相交流一下想法就够了。其实孩子不过就是需要一个倾诉对象或者倾听的人，有时候不一定非要我们发表什么意见。而就算是真的需要我们给出建议，我们也不要长篇大论地去说教，只要能给他启发就可以了。

当然，这个时间也不能太短，我们绝对不能这样说："给你几分钟，把问题说清楚。"否则，孩子原来的兴致可能就被破坏了，他也许会因为这种强硬的时间限制而变得不愿意再和我们说话。

将孩子的心声与要求都认真地听进去

我们要认真听孩子说话，不管孩子说的内容是不是很有意思。说到底，孩子不过就是想要和我们分享他的情绪而已，我们不要因为"很忙"而表现出一副疲惫不堪的样子，或者听的时候心不在焉，这会使孩子的心情受到打击。也许他原本快乐的心情会因此变得不快乐，而原本郁闷的心情也因此变得更郁闷了。

所以，此时我们应该表现出对孩子的尊重，首先不要催他快说，其次就是在听他说话的同时，也要适时地表达自己的某些看法，使孩子感觉到我们对他的重视。最重要的，就是我们要将孩子的心声与要求都认真地听进去,最好还能就他的发言给出一些评论,或者就他所说的事情给出一些自己的意见。这也是我们了解孩子生活和内心的一个很好的机会。

说了多少遍？还记不住！

——妈妈需要耐心一点等待孩子成长

同一件事，今天我们告诉了孩子，转眼他就能忘记，明天我们还得再说一遍，但他又会很快忘记，然后我们必须经常重复。一次、两次、三次……当次数太多的时候，我们就会变得烦躁。当孩子再一次在同一件事上犯了与之前相同的错误，或者压根没记住我们之前的教诲时，我们的火气就再也压不住了，声音也自然就提高了八度："说这么多遍了，怎么还记不住？"

不过，虽然我们觉得某一件事我们已经说过很多遍了，可在孩子看来却似乎并不是这样的，他并不觉得我们说了很多遍。

一般人喝水都只会用一个杯子，喝完后如果还想喝，就会拿着杯子再去倒水。就算是用了两个杯子，也是因为实在想不起来第一个杯子放在哪里了。

可对于9岁的诚诚来说，他的情况却显得有些特殊，当他用过一个杯子之后，就会将杯子放下，然后去做别的事情，如果再想喝水，就会跑出去再拿一个杯子。时间长了，他的屋子里，不论哪个角落都堆着很多杯子。

第三章 妈妈，请别不耐烦！ —— 认同并尊重孩子做事的节奏

妈妈对此非常头疼，一开始妈妈会提醒他："不要再拿杯子了，用你原来的那个杯子。要不就把你用过的杯子拿回来，然后再换下一个。"可诚诚就是记不住，真正是"屡教不改"，他的屋子里每天依然会有很多杯子。

妈妈每天都帮他收拾，后来越来越烦。当诚诚又一次拿起一个新杯子倒水喝的时候，妈妈一把夺过杯子，并大声训斥道："告诉你多少遍了！用你用过的那个杯子！你怎么还是拿新杯子用呢？"诚诚也感到很委屈，他根本就没觉得妈妈说了很多遍，妈妈还抢了他的杯子，难道他就不能用那个杯子喝水吗？

像诚诚家这样的情况，我们和我们的孩子恐怕都会感同身受。我们生气，孩子委屈，这样的事情如果经常发生，我们就会总是看孩子不顺眼。可是仔细想想看，孩子的成长不都是需要时间的吗？没人能今天说了一件事，过后就永远记住。我们身为成年人，不是也有昨天说过今天就忘的事情吗？那我们又何必去苛求孩子呢？

我们要耐心等待孩子成长，那么具体该怎么做呢？

我们先要努力做好该做的事情

教育孩子之前，我们必须先教育自己。我们如果能做好，那么榜样作用就会长时间地树立在孩子的面前。耳濡目染之下，孩子也会逐渐养成良好的习惯。就拿诚诚的故事来说，妈妈自己就先要保证喝水时只用一个杯子，拿走了也要保证完好地放回原处。

正所谓"言传身教"，如果我们只言传，不停地用提醒、训斥等话语来告诉孩子要怎样做、不要怎样做，却不给他做出榜样来，并没有让他看见正确的做法是怎样的，那么孩子对我们要求他做的事情也不会有很深刻的印象。所以我们要求孩子做到的事情，首先自己就必须做好。

给孩子时间去记住"要求"

我们总说孩子"记不住""没记性",这是不是因为我们对他的要求太高了呢?孩子总要一天一天长大,没人能一口吃个胖子。就算是一件小事,如果我们没有耐心去教,孩子也一样会"没有记性"。

所以我们一定要有耐心,首先就要告诉自己一定要能耐得住性子。虽然心里焦急,但我们必须明白,孩子成长必须经过这样的时间,不是所有的孩子都能在听过一遍之后就记住所有的要点。我们要允许孩子犯错,允许他做不好,只有耐心才能帮助孩子养成良好的习惯。

当然,我们也要能区分孩子学不会、做不到的真正原因,而且,我们不能一味地等待,除了引导还要有适当的督促,以此来帮助孩子更快地养成良好的习惯。

培养孩子的自觉性

举一个小例子来说,拿筷子的方式有很多种,但小孩子大部分都会将两根筷子呈交叉状使用,看上去很难看,可孩子自己却并不这样认为,他只要能将菜夹到嘴里就好了。但是在我们看来,如果用筷子的姿势非常难看,就可能会被人嘲笑,因此我们自己就会提醒自己,要时刻注意餐桌礼仪。孩子往往没有这样的自觉性,每次到了吃饭时,经我们多次告诫,他才会注意,但很快就会忘记,至于我们说的"已经说过很多遍了",他更是不记得。

因此,我们要积极培养孩子的自觉性。我们除了可以正面提醒他应该做什么事情之外,也可以从反面对他进行教育。比如,关于随手关门这件事,当他某天回到自己的屋子没有随手关门时,我们先不要去提醒他,他自己发现冷或很吵之后,就会主动去关门。而这时我们再去提醒他,他就能记住随手关门了。

他干什么都慢！

—— 别用"反话"刺激孩子，要正面鼓励他

我们经常习惯于说"反话"，当看到孩子动作很慢时，我们大多数情况下都会说："总是这么慢，总是辜负我的希望。你怎么干什么都这么慢呢？"我们当然知道孩子并不是做什么都这么慢的，说这样的话的目的，无非就是想要刺激一下孩子。

但我们应该明白，激将法并不是对谁都能用的，也不是无论什么时候都管用的。假如我们经常用这样的反话来刺激孩子，他可能就会产生自暴自弃的想法。

妈妈经常习惯性地催促肖敬："你倒是快点写作业啊！""动作快点，不然要迟到了！""你怎么总那么慢！"……类似这样的话似乎已经成了妈妈的口头禅。开始的时候，肖敬还觉得妈妈说得对，他也想要快一些。可妈妈总是这样说，时间长了，他便开始怀疑自己是不是真的快不了。

后来，有一次因为他早上太磨蹭了，刷牙、洗脸、吃饭就耗去了很多时间，等到要出门时，穿鞋也慢悠悠的，妈妈看着表着急地说："哎呀！我说你能不能快点！你看看你，干什么都不行！穿个鞋也这

么慢！"肖敬听了，心里很不高兴，手里的动作更慢了，心想：反正妈妈总说我不行，我一定就不行了。既然不行，那我还那么拼命干什么？有了这样的想法，肖敬再做什么都提不起干劲来了，他的动作也变得越发磨蹭、缓慢。

妈妈的"反话"也许在一开始会对孩子有一些作用，但当孩子的头脑中接受了太多这样的"反话"后，他就会和后来的肖敬一样，形成"反正我也不行"的认知。我们并不愿意看到孩子这样自暴自弃，所以这也是在提醒我们，不要总用反话去激励孩子，要鼓励孩子就从正面去鼓励，多给他一些力量。

任何场合都不要否定孩子

所谓否定，就是否认一个事实的成立、存在或真实性。我们总是偏爱使用"否定"这种形式来描述孩子，比如，当孩子明明做得很好时，遇到有人夸奖他，我们就会说："不行，他做得还不好。"而当孩子原本做得就不好时，我们更是很"实在"地将孩子的缺点直接展现给人看，说："他干什么都不行。"可以说，我们总是不分场合地否定孩子，可这样做却使孩子越发失去上进的动力。

我们应该对自己的孩子抱有希望，要肯定他的优点，就算他有缺点，我们也要多鼓励他弥补缺点，而不是用否定来给予他心理打击。毕竟，作为妈妈，倘若我们都不愿意肯定自己的孩子，他又怎么可能建立起自信心来呢？尤其是在当他磨蹭、拖拉时，我们绝对不要将他的慢扩展为他做什么事都不行，毕竟努力改正一个缺点要比改正全身的缺点容易许多。

别随便用"不行"来评价孩子

也许是不经意而为之，我们在催促完孩子"快点快点"之后，大多数会加上一句"你怎么干什么都这么慢"或者"你真是干什么都不行"。

第三章　妈妈，请别不耐烦！——认同并尊重孩子做事的节奏

我们说这样的话无非是想刺激孩子再快些，动作再麻利些。可是孩子却往往并不能"如我们所愿"，大多数情况下，他都会"反其道而行之"——越来越慢。

因为我们的一句看似无意的"不行"，使得孩子在不知不觉中，就认为自己可能真如我们所说"做什么都不行"，当他逐渐放弃努力时，最后的结果就只剩下"不行"这一条路了。

所以，我们不要随便就用"不行"二字来评价孩子，要肯定他行的地方，之后指出他的不足，如果可能，我们还要给他指导与建议，帮助他将"不行"变成"行"，这样的做法才是正确的。

学会从正面去鼓励孩子

"你很努力，我期待你更加努力，争取更好的成绩。"

"你应该试试看，我相信你一定能做到！"

"为什么不行？不要说自己不行，你还没尝试，不要退缩！我支持你！"

……

这样正面鼓励的话语，带给孩子的是前进的力量，这将激励他勇敢面对困难，并有可能使他最终战胜困难。如果我们相信孩子能行，也许他最终会给我们最好的回报。

当然了，这种鼓励也要实事求是。我们要根据孩子自身的能力给予合适的鼓励，不能说孩子原来很慢，我们鼓励之后，就要求他马上快起来，这也是不可能的，孩子可能还会觉得我们是在取笑他。我们的鼓励应该贴近孩子的实际，给他设立一个"跳一跳就能达到"的小目标，当他达到目标时，我们也不要吝啬自己的表扬，因为表扬能让他取得更大的进步。

孩子总是拖拖拉拉，妈妈怎么办？

要有个女孩样！

—— 想让女孩"文静"，但她可能会变"拖拉"

我们中大多数人可能都看不惯女孩子风风火火的样子，我们更希望她能安安静静地将事情做好。说得通俗一些就是，我们想要自家的小女孩有个"女孩的样子"。可问题来了，什么样才是"女孩样"呢？

小雅原本是个急脾气，无论做什么事都急，哪怕是早上刷牙洗脸她也能在两分钟内就做完。可她的急却使她做事很不完整。就说刷牙洗脸这事，虽然她刷完了、洗完了，但牙膏沫却还留在她的嘴角。

妈妈觉得，女孩子怎么能这样呢？于是她经常在小雅急火火地做事时对她说："女孩要有女孩的样子，你怎么总这么急？你看你着急火燎的，一件事都干不好。"之前妈妈说的话，小雅并没有什么特别的感觉，后来小雅进入了青春期，她的自尊心变得越发强烈，再听到妈妈这样说时，她也觉得脸上不大好看。

以后的日子里，小雅格外注意自己的言行，牢记妈妈说的"不要着急，女孩要文静"，她做事的速度逐渐慢了下来。开始妈妈还为她的这种转变感到高兴，可一段时间之后，妈妈感觉有些不对劲了。小雅的确是慢了下来，可她又变得太慢了。以前刷牙洗脸她两分钟就做好了，可现在20分钟还不见她从洗漱间里出来。妈妈进去一看，她正慢慢地往脸上涂洗面奶……

妈妈一下子又觉得头疼了，她要的文静可不是这样子的慢性子啊！

"女孩样"究竟是怎样的，我们内心可能会有不同的标准。不过，文静却是我们普遍都认同的一点。显然小雅的妈妈也是这样认为的，但她经常给小雅"灌输"的所谓"文静"，却让小雅误理解成了"缓慢"，这也是导致她最终变得拖拉的直接原因。

"要有个女孩样"，我们这样要求女孩原本没有错误，不过也要多考虑一下，千万不要使自己的思想变得过于狭隘。

要明白文静的真正意义

所谓文静，是指一个人的性格文雅娴静。不过，并不是所有的女孩都必须成为这个样子，有的女孩性格豪爽，有的女孩开朗大方，难道我们能说这样的女孩不讨人喜欢吗？而且，有的女孩虽然性格是外向的，可她做起事来却很是干练麻利，事情也会办得相当稳妥，难道我们不期望自己的女孩有这样的办事本领吗？

其实，我们内心所想的"希望女孩能文静一些"，只不过是希望女孩能够有一种沉稳的态度，希望她在做事的时候不要毛手毛脚，不要瞻前顾后，更不要虎头蛇尾。我们只是希望她能将万事都考虑周全，做事最好是保质保量又有速度。也就是说，我们自己需要先透彻理解我们想要的那个"文静"到底是什么意思，才能更好地去培养女孩。

提醒女孩"文静"和"缓慢"不是同义词

就像前面故事中的小雅那样，很多女孩都会将妈妈说的"要文静"理解为：做事就是要慢下来。所以我们该提醒她，文静与缓慢并不是同义词。文静是在帮助女孩提高办事的效率与质量，而缓慢只不过是让她的动作变慢而已，后者显然只是一种表面文章，但对事情的影响却会很大。因为缓慢做事，除了会延误大好时机外，还会影响办事质量。

我们要在自己理解了"文静"意义的基础上，向女孩解释清楚我们要她有女孩样、要文静到底是什么意思。要帮她彻底区分"文静"与"缓慢"，告诉她文静是指性格文静、做事稳妥，而不是将自己的速度放慢，虽然放慢速度的确能让人有更多的思考空间，可慢也要有个度，不能太过缓慢。当女孩内心逐渐明白什么是真正的文静之后，她才有可能向着正确的"文静之路"去努力。

教女孩学会"动静结合"

有的女孩可能还会产生这样的想法，因为妈妈说了要"文静"，于是她无论做什么事都会文静，也不管那事有多么着急。其实这样也是不对的，我们该教女孩学会"动静结合"。她应该学会分析事情的性质，看看是不是需要尽快处理，如果需要的话她就要快起来。

会"动静结合"处理事情的女孩，能更合理地安排她自己的事情，并能掌握好自己的办事节奏，这对女孩未来人生事业的发展将会有很大的帮助。

第三章　妈妈，请别不耐烦！——认同并尊重孩子做事的节奏

你可是个男孩呀！

—— 别暗示男孩懦弱，否则他会没自信，会更"拖拉"

我们都希望男孩能成为一个勇敢、坚强、豪爽、麻利的男子汉，所以从男孩很小的时候起，我们就会用这样的标准来要求他。尤其是当男孩遇到困难、经历挫折时，我们都会张口就说："你可是个男孩子！"

这话听来似乎有些道理，因为我们都知道男孩应该有怎样的个性。可是，我们说出这样的话是想要提醒男孩什么呢？提醒他要勇敢吗？但很多男孩在我们这样的话语之中，感受到的只是他自己的懦弱，他的自信心会一点一点地被这句"你是男孩"磨灭掉，相比之前可能会变得更加拖拉，动作更加快不起来。

早上，江元起晚了，妈妈一直在一旁不停地催促他，要他动作快一些。江元在妈妈的催促声中一阵手忙脚乱，不是没挤牙膏就刷牙，就是吃饭着急烫了嘴。

妈妈看到这样的情景，皱着眉不住地摇头。最后眼看要出门了，江元的书包还没收拾好，鞋子也还没穿，妈妈又是好一阵数落："我说你快一点行不行？你可是个男孩子，怎么干起事来还不如邻居家的

小美？你看人家那小姑娘多快！看看你，一个大男孩动作却这么慢！哎，我说你倒是快点啊！"

江元听了妈妈的话，心里很是不痛快，动作也不自觉地慢了下来。

其实男孩都有争强好胜的心，可关键就看我们该如何引导他，使他的所作所为能真正体现出这种精神来。像江元妈妈这样用"你是男孩"来刺激他，其实是在暗示他，他现在做得不好。更何况，她还用邻居的女孩来做比较，这更是在"提醒"江元，像他这样慢的人算不上是男子汉。相信任何一个男孩都不愿意听到我们做出这样的评论吧？而也正是因为对妈妈这句话的反感，江元才变得更慢了。

我们需要改变这种思想，不要总用男孩的这一"身份"来提醒他，这对他其实是一种打击。换位思考一下，假如我们现在身兼要职，别人总用"你可是领导"这样的话来要求我们，我们不是要被这样一个称号约束住了吗？难道我们的内心不会产生巨大的心理压力吗？我们是成人，可能会将这样的话当成动力，但男孩还是孩子，他的心理和思想都不成熟，这样的话对他来说只能是压力。

那么，我们又该如何对待男孩呢？

别总用"催促"来刺激男孩

乍一看，"别总用'催促'来刺激男孩"这句话有些别扭，不过我们仔细想一想，应该就能理解这句话的意思。

比如男孩怕黑，晚上不敢自己上厕所，我们却"催促"他说："你可是个男孩子！快去呀！别磨磨蹭蹭的了。"这样的催促其实并不会收到什么好效果，得不到妈妈鼓励的男孩，再做事时可能会更加没有自信，他会更加怕黑、变得更磨蹭。

我们不要总用这样的催促来刺激男孩，应该多给他一些鼓励。我们完全可以这样说："我们是小男子汉，才不怕黑呢，对不对？只要勇敢一些，我们就能战胜它！"这样的鼓励就会唤起男孩内心的一种"英雄心理",如果我们能再结合英雄事迹,给男孩树立一个榜样,他可能就会变得积极起来。

多给男孩表现的机会

成南和妈妈一起去菜市场买菜,回家时,妈妈手里拎了两个袋子,一轻一重。妈妈对成南说:"帮妈妈一下吧,两个袋子有些沉。"说着,她将重的那个袋子递了过去。

成南拎着袋子,刚走了没几步就抱怨了起来:"妈妈,这袋子太重了,我快拎不动了。"妈妈却笑着说:"哦?你看妈妈可是女人,我都拎得动。我们家的男子汉难道甘心落后吗?我相信你,你一定能拎得动的!"成南一听,来了劲头:"妈妈,我可不能输给您!您瞧着吧!"说完,他使劲拎起袋子,快速向家走去……

同样的场景如果换成是我们,多半会将轻一些的袋子给男孩,甚至有人都不愿意让男孩去帮自己拎袋子。大多数人的想法都是,男孩还小,他现在怎么能做这样的事呢?但一遇到男孩慢吞吞地做不好自己的事情时,我们就又会说"你可是男孩子",这不是前后矛盾吗?

我们该多给男孩一些表现的机会,要允许他帮我们做一些较重的活儿,使他的各项能力都得到锻炼,这样他才能掌握更多做事的技巧。

及时夸奖男孩的勇敢与努力

夸奖能帮助男孩克服懦弱,增强自信。所以当男孩有了进步、能快速做完一件事、能帮助我们做些力所能及的家务时,我们不要吝啬对他的表扬。比如我们可以说:"真厉害呀!你能自己独立完成一件事了,不愧是我们家的小男子汉!"这样的夸奖给男孩的是一种积极向上的力量,也正好可以满足男孩想要成为真正男子汉的心理,他在这种心理的引导下会做得更好。

夸奖时我们要注意，应该就事论事，要能说出男孩为什么受到表扬，不要很笼统地就说"你真棒"，有实际意义的夸奖才能使男孩真正受到鼓励。

第四章

我要给孩子点信心啊！
——妈妈自己要适当地做一些改变

也许很多妈妈都会发现：当我们在孩子身边时，他们总是拖拖拉拉、磨磨蹭蹭。但当我们不在时，他们居然变得快了起来。为什么会这样呢？这是因为我们对孩子缺乏信任，总是在"控制"他们。慢慢地，他们就对我们形成了依赖。所以，妈妈们应该信任自己的孩子，适当地放手，这样，孩子会逐渐找到信心，不再拖拖拉拉、磨磨蹭蹭。

妈妈相信你！

——不在孩子身边，他反而能"快"一些

很多时候，我们总担心孩子做不好事情。于是我们就希望自己能陪在他身边，看着他，同时也"看"着他。

可有这个必要吗？我们有必要用自己的目光做一条锁链，将孩子"锁"在自己的可控制范围之内吗？看看下面这个小男孩的表现，我们也许会有所感触。

新年快到了，幼儿园组织小朋友们演节目，并要求所有父母下午来幼儿园参加联欢会。"老师绝对不会让小虎去演节目的！"妈妈内心已经认准了这个结论。因为在家里，5岁的小虎真的就是头小老虎，四处捣乱不说，让他做点什么事都做不好，不是拖拉就是半途而废。妈妈已经做好了准备，今天就是要看好小虎，不让他捣乱。

可是当妈妈到了幼儿园时，却惊讶地发现小虎正乖乖地坐在小凳子上让老师给抹红脸蛋。接下来，联欢会的第一个节目就是小虎和其他十几个小男孩的集体舞。只见小虎跳得有模有样，动作可爱又标准。跳完了舞，他居然还帮着老师把道具抬了下去。

妈妈简直不敢相信自己的眼睛，这还是那个在家里让她感到头疼

的"小老虎"吗？

是啊，家里的小虎和幼儿园里的小虎真的是判若两人，这是为什么呢？其实就是因为之前妈妈总看着他，总是苦口婆心地去"指导"他。妈妈不停地催促和永远不满意的态度，让小虎在家里失去了干劲，所以才会拖拉、磨蹭。可是在幼儿园就不一样了，老师对所有的小朋友都是一视同仁的，他没有了那种紧张感，所以能放开手脚去做事，他的积极主动性也同时被调动了起来。

通过小虎的故事，我们也应该从中得到一些启发，在某些时候，我们也该适当地对孩子说一句："妈妈相信你！"然后放开手，解开"目光之锁"，允许他在我们的视线之外做他能做的事情。

别总用高标准要求孩子

"叠被子要铺平整再叠，你弄得跟乱布团一样怎么叠？……你怎么能这样拽床单？床单应该没有皱褶，你看你这一瞎拽，床单都变成烂菜叶了。……哎，别把枕头放那里呀！你看我平时放那边吗？枕巾，枕巾你也没铺好。哎呀，你动作太慢了！"

不知道有多少妈妈曾经说过类似这样的话。在孩子整理床铺的时候，我们的存在说得好听一些叫"指导"，可在孩子心中，我们的身份就是"监工"。

对于才几岁、十几岁的孩子来说，他的体力与能力还远远没有达到我们的标准，可我们却"毫不留情"地用这样的高标准来要求他，甚至要让他做得和我们一样。我们用高标准来催促他，恰恰是他做不好的直接原因，更是他慢的主要原因。

我们该适当地放宽一下自己的"政策"，相信孩子一回。允许他根据自己的标准去做事，别去要求他一定要做得和我们一样。孩子内心自然会有一个衡量尺，我们只要认真做好能做的就行了，他会参照我们的做法努力去做好的。

第四章　我要给孩子点信心啊！——妈妈自己要适当地做一些改变

真正去了解孩子的能力

我们有没有想过，自己之所以不信任孩子，其实主要是因为我们根本就不了解他的能力。我们有时忽略了他的年纪、高估了他的能力，所以对他要求过严，他做不到，我们只能不断催促；有时我们却又"看扁"了他，不相信他能做好，不给他动手的机会，导致他丧失了干劲。

我们也该好好了解一下自己的孩子了，不要拿他与别人比较，也不要羡慕别人或者瞧不起别人。我们只要认真看一看自己的孩子，看他在他的这个年纪都能做什么、做不到什么，做事又有怎样的节奏；看他的长处在哪里，看他哪里还需要继续努力。当我们静下心来真正了解了孩子时，也许就会发现："啊，我的孩子也不是那样差劲，他能做的事情有许多，他也能做快。"

给孩子处理事情的权利

如果我们总是介入孩子的事情，他就会将我们当成靠山，从而产生依赖性。而且，得到了我们"资助"的孩子还会变得越发懒惰，不再自己主动思考，而他的思想与行动力自然就会变慢。可我们不理他的话，他就不得不自己去想办法。在这个过程中，他的各种能力都能得到锻炼，他的行动也会变得快起来。

孩子，谢谢你！

—— 妈妈的鼓励会让孩子积极起来

有多少人对孩子说过"孩子，谢谢你"？有多少人认为孩子做的某些事情是值得我们感谢的？可能有人说："我可是他的妈妈，为什么要谢他？"没错，我们是妈妈，也的确是我们赋予了孩子生命，可他总要慢慢长大，他也会做一些让我们感动的事情，我们为什么就不能对他说一声谢谢呢？要知道，我们真诚的谢意对孩子来说既是一种鼓励，也是一种奖赏，他会因此而变得积极起来，不再磨蹭了。

一位幼儿园老师讲过这样一段经历：

一次画画课，我给小朋友们发大白纸，从桌子上取纸的时候我的手一滑，几张纸就掉在了地上。班上的一个小朋友跑过来捡起纸递给了我，我随口就说了一句："谢谢你啊！"那个小朋友开心地跑回了自己的座位，并且兴奋地对别的小朋友说："老师跟我说谢谢呢！"看着他骄傲的样子，我忽然发现，原来适当地对孩子说一声谢谢对他会是一种鼓励。

回到家里，我也在自己 6 岁的女儿身上做了个实验。当时女儿帮我倒了一杯水，我接过水杯笑着对她说："能帮妈妈倒水了，好样的！

谢谢你！"女儿惊讶地瞪大了眼睛，一脸惊喜。后来，每天我下班回家，她都会给我倒好一杯水端过来，这让我感到非常温暖。不仅如此，她以前干什么事都非常磨蹭、拖拉，而现在有了我的表扬，她做事有信心了，再也不拖拉、磨蹭了。

从上文我们可以看出，一句简单的"谢谢"，会给孩子莫大的鼓舞。

其实在平时生活中，孩子也为我们做过许多事，可能是帮我们拿拖鞋，可能是提醒我们及时收阳台上晾的衣服，甚至可能就是在我们出门时开了一下门……虽然这些事情都很小，但如果我们能及时对他说一声谢谢，就会让他感受到温暖。

我们的感谢会让孩子发现自己的重要性，他会知道原来自己也能帮妈妈做事。这样他就会更积极地去寻找他能做的事情，并积极快速地将他能做的事做好，以表现他想要长大的欲望，以显现他正在长大的事实。

所以，别忽略孩子的渴望吧，再碰到孩子为我们做了些什么的时候，请大声地对他说："孩子，谢谢你！"

别忽略孩子做的任何一件小事

我们总是说自己忙，工作上我们要忙着处理事务，生活中我们要忙着处理家务；单位中忙着与同事搞好关系，家庭中忙着照顾家人……我们经常认为自己很忙碌，于是我们在不知不觉中就漏掉了许多东西，比如孩子为我们做的事情。可能我们自己不记得，但孩子却记得，因此我们不经意间说的一句谢谢才会让孩子记忆如此深刻。

那么我们就要好好思考一下了，我们该将时间分一些给孩子了。我们该多注意他做的每一件事情，多关注一下他的感受。我们对他的关注，以及这种感激的态度，都会激励他更加积极地动起来去做更多的事。

孩子总是拖拖拉拉，妈妈怎么办？

不要觉得孩子为我们做事是理所当然

有人总带有这样一种想法：我的孩子，我生他养他，他帮我做些事不是应该的？还用得着我去谢谢他？这样的认知就是大错特错了。孩子是需要鼓励的，如果他做了好事我们却并没有表扬他、鼓励他，他可能就会觉得那样的事情做不做都是无所谓的，以后也就不会再做了。

还是那句话，我们不要将他看成是我们的附属，不要总将他当作是小孩子，更不要认为他做事情是应该的，我们要尊重他的劳动，尊重他的情感。我们说一句"谢谢"就会增强他做事的信心，他就会更愿意快速地将事情做完以期得到我们的夸奖，而我们也会收获他所带来的无限惊喜。

适当地表现得"弱"一些

儿子5岁时长得已经很壮实了，于是爸爸就经常提醒他："你可是小男子汉了，要多帮帮妈妈，更要好好保护妈妈。"从爸爸说完这话之后，儿子除了自己不再偷懒、磨蹭外，还总是帮妈妈做事，比如和妈妈去超市，他会抢着给妈妈拎袋子；吃饭前，他会帮妈妈摆碗筷；妈妈不舒服了，他也会跑前跑后地嘘寒问暖……

妈妈心里很开心，也就乐得装一个"柔弱妈妈"，让儿子这个小男子汉来好好保护自己。不过，妈妈可没忘记，每次接受儿子的"帮助"之后，都会对他说上一句"谢谢"。儿子因为妈妈的感谢，变得更加积极了。

我们适当地表现得"弱"一些，就是在给孩子创造表现的机会，这对他其实也是一种锻炼。当然，我们表现"弱"的时机要选对，对于一些超出了孩子承受能力的事情，我们就不要再"引导"他去做了。只有那些符合他年龄特点的、他能力所及的事情，我们才能向他"求助"。

"求助"过程我们也要注意，不能上去就用命令的口气去要求孩子做什么，而要用一种像是请求朋友的口气。比如，我们想要孩子帮忙拿个杯子，就不能说"去，给我拿个杯子来"，而是要说"请帮我拿个杯子好吗，谢谢"，这样一来，孩子也就会更乐于帮助我们。

跟你商量个事！

—— 与孩子商量一些事，提升他的能动性

我们大多数人都认为，我们是成年人，我们知道的会比孩子多，我们也比他更加成熟。很多事情，孩子恐怕是理解不了的，因为他没有经历过，更没有处事经验。换言之，某些时候，孩子是不值得我们"信赖"的。

可是，这只不过是我们单方面的感觉罢了。我们以为孩子不行，以为他做不了决定，我们坚信自己的成熟与判断力，很多事情我们决定后就去命令孩子遵照执行。这样就形成了一个"恶性循环"，孩子总是听从我们的安排，所以他才变得越发懒惰，做起事来也就没什么干劲。

我们来看看一位男孩在日记中是如何写的吧。

我最近非常不开心！我都上初中一年级了，可妈妈依然将我当成小孩看待，我在家里几乎没有什么发言权。就拿上兴趣班来说，我不想学什么画画，我只愿意去和同学一起滑轮滑。我顺着妈妈的意思参加了绘画兴趣班，同时还参加了轮滑兴趣小组，本来这样的生活挺好的，可妈妈竟然不和我商量就给我停了轮滑课，说只让我学画画。

第四章　我要给孩子点信心啊！——妈妈自己要适当地做一些改变

我不服气！妈妈您怎么能擅自就替我决定呢？您也不问问我的意见，也没给我一个合理的解释！妈妈，您这样让我觉得那个所谓的兴趣班上不上都没什么意思了。您还说要用什么画画帮我陶冶情操、稳定性情，算了吧！我现在就够"稳定"的了，稳定得我什么都不想做了！您还总说我动作慢、性子慢，您也不想想我为什么会变成这样呢？

不知道妈妈有没有听见孩子的呼声，我们对孩子的不尊重，会让他的内心产生如此多的烦躁情绪，这的确需要我们好好反思一下了。

就孩子的事情多和他商量

其实不管是多大的孩子，我们都要尊重他的权利，只要是涉及他的事情，我们都该和他商量一下。有的妈妈对此不以为然："我的孩子才上幼儿园，他能懂什么？和他商量也没用。"这样说就错了，我们来看一个小例子。

一早，幼儿园老师发现平时活泼的奇奇今天耷拉着脑袋走进了教室。她很奇怪，便搬了小凳子坐到了奇奇身边，问道："大早上的怎么不高兴了呢？"奇奇很不高兴地说："妈妈太让我生气了！昨天妈妈把我最喜欢的超人玩具送给我表弟了，那是爷爷刚给我买的！她怎么不和我商量一下呢？我还有别的玩具可以送给表弟的呀！"

看看，谁说上幼儿园的孩子就什么都不懂了？他一样会因为我们不尊重他而感到沮丧，甚至会像奇奇这样非常生气。因此，遇到孩子的事情，或者和他有关的事情，我们不妨和他说一说，提出我们的意见，再听听他有怎样的想法。必要时，让他自己对自己的事情进行判断并做个决定，这也能调动起他的积极性，有了积极性，他做事就不会那么慢了。而且，如果是他自己决定的事情，他还会更有动力去做。

家庭中的事也可以听听孩子的意见

几岁的孩子能说出什么好意见来？就算是十几岁的孩子，他又经历过什么？我们对孩子有疑问，所以我们认定他的见解对家庭来说是毫无意义的。

不过，曾经有人在不同类型的幼儿园中进行过一项调查，其结果却令人深思。调查发现，那些经常参与家庭决策的孩子都具有开朗的性格，他们不仅关心他人，同时也有较强的集体感与责任心，遇到问题都会主动去思考，有比较强的自信心；而那些很少参与或者从不参与家庭决策的孩子，都以自我为中心，没有集体意识，遇到事情他们更习惯于等待，也更依赖于父母和老师，所以他们的办事效率也不高。

所以，适当地允许孩子参与我们家庭中的事情，将有利于他各方面的成长。当然了，我们可以根据孩子的年龄来决定他可以参与的事情，对于年龄小的孩子，我们可以让他参与一些简单的、贴近他生活的事情，比如要去哪里游玩、去小朋友家做客要带什么礼物，等等；而对于年龄稍长一些的孩子，他的生活经验也丰富了，思想也发展了，就可以让他考虑一些比较难的事情了，比如，他的房间中要加一个怎样的书柜，关于书柜的颜色、样式等都可以参考他的意见；而当孩子具备一定的独立思考能力之后，我们还可以鼓励他做家中的小会计、小统计员，帮我们管账，或者帮我们记录一月生活日志，等等。

适当地向孩子诉一下"苦"

我们的确是比孩子成熟，可有些时候我们也会遇到一些"难题"，我们更会有数不尽的烦恼。我们可能会去向另一半诉苦，可能会向我们自己的父母诉苦，还可能会向关系亲密的朋友诉苦。可是，我们是不是也可以适当地向孩子诉一下苦呢？

我们这样做并不会丢脸，这也是要让孩子知道，妈妈也有需要依靠的时候。适当地将我们的苦恼对孩子倾诉一下，也许他的童言稚语反而会给我们一些灵感，而且还能带给我们欢乐，帮我们缓解内心的烦躁。

来，帮帮妈妈！

—— 记得给孩子创造点做事的机会

有时候孩子在我们眼里就是那么"一无是处"，有的妈妈总是抱怨："我家那孩子不爱学习也就算了，整天玩儿不说，竟然连家务事都不会干。"而有的妈妈则会一脸无奈地说："我的孩子从来都不主动帮我做事，他自己干起活儿来也慢吞吞的！"其实仔细想一想，真的是孩子的问题吗？

一位妈妈是这样说的：

儿子上5年级了，起先我认为他只要好好学习就行了，所以什么活儿都不让他干。可他每天回到家除了玩儿还是玩儿，一说让他学习就磨磨蹭蹭的。看到这样的情况，我特别着急。

有一天，儿子放学回家后又和往常一样边学边玩儿，在那里消磨时间。我生气了，随口就说："不学习的话，过来帮我刷碗。"儿子坐在那里想了想，后来还是过来了。我告诉他刷碗的步骤之后，就让他自己去干了。我在一旁偷偷看了看，发现他做得还挺用心。

结果第二天，儿子放学回到家，很乖地先做完了作业，然后跑到厨房问我："妈妈，有什么能让我做的吗？碗还刷吗？"我惊讶地看着他，要知道之前他可是从来都不主动帮我做事的。于是，我让他去阳台上浇花。

后来，儿子每天都变得勤快了起来，他"包揽"了每天浇花和遛狗的任务，有时候他还会"兼职"洗碗工与洗菜工。可是他的学习却并没有被耽误，做作业也变得更加专心了。

一个做事的机会居然带给了他如此大的变化！

看完这位妈妈的故事，我们还能说孩子的"一无是处"是他自己的问题吗？显然不能了吧？事实上是我们自己需要改变一下了。孩子的生活单调而乏味，除了学习就是玩儿，似乎对别的事情提不起兴趣来，总是慢吞吞的。那么，我们该怎么改变呢？

适当地为孩子安排一些固定的家务

适当地为孩子安排一些他力所能及的家务事，这会使孩子真正感受到自己就是家庭中的一员，他会认为自己可以做很多事，自己也能帮上妈妈的忙，这也会带给他一种成就感。有了这种感觉，他就会自觉提高办事速度。

对于年龄小的孩子，我们可以让他帮我们拿杯子、递筷子；对于年龄稍长一些的孩子，我们则可以鼓励他帮我们整理叠好的衣服、刷洗碗筷、打扫房间，等等。有时候，我们甚至可以将一些家务事当成是孩子的固定任务交给他，这也是培养他责任感的好时机。

当然，在安排这些"任务"时，我们一定要考虑孩子的能力。有的孩子，尤其是男孩子，大都有一种"我是英雄"的感觉，很多时候他们可能会逞强要去做某些事。所以，我们要尽量考虑全面，为他安排一些他能力范围之内的事情，让他远离那些对他来说有些危险而且他又做不到的事情。不过，我们虽然不让孩子去做，但可以让他看。比如，我们在拆洗抽油烟机时，可以允许孩子在一旁给我们打下手，并给他讲解一些注意事项，这也是在向他传授一些生活知识。

与孩子一起分享做家务的乐趣

乐乐在家是一个劳动的好手,她帮妈妈做了许多事情。之前,妈妈曾经担心乐乐会因此耽误学习。不过她发现,乐乐自己就能处理好学习与劳动的关系。而且,在劳动过程中,乐乐向妈妈请教,妈妈给乐乐指导,乐乐的调皮给妈妈带去了欢乐,妈妈的耐心又让乐乐学到了很多书本上没有的知识。妈妈发现,她的家庭生活竟然如此快乐。

我们可能会担心,让孩子做事,他的能力够吗?他会不会添乱呢?我们不要带有这样的想法。孩子不会做,我们教给他就好了,看看乐乐和妈妈,她们不是也非常开心吗?

我们要和孩子一起分享做家务的乐趣,这样一来,我们的烦躁情绪也会自然而然地消退。当然,我们也不能忘记,在孩子帮我们做了家务事之后,一定要及时对他说一句"谢谢",这样的鼓励会使他更加积极。

不着急，不急！

—— 提醒自己"不着急"，放慢自己的节奏

很多时候，孩子的速度可能并不慢，但我们总觉得他很慢，于是我们不自觉地就会催促他"快点快点"。可事实上，是我们自己太着急了，所以才会觉得孩子动作缓慢。

我们可以想一想在孩子蹒跚学步的时候，我们要么扶着他，要么在不远处等着他，看着他走不稳还要走的样子，我们大多都会说："慢点、慢点，宝贝慢慢来。"我们的笑容以及这样温柔的声音会带给孩子温暖，他便也会笑着向我们扑过来。想起这样的一幕，我们是不是也会自然地从心底笑出来呢？

在孩子小的时候我们会嘱咐他慢一些，可当他逐渐长大后我们却又会那样急切地催促他。有的妈妈说："孩子小时候什么都不懂，当然要慢慢地教他；可他长大了，他就得懂事，要是还像小时候那样慢，他怎么能成功呢？他可不能养成磨蹭的坏习惯啊！"我们就是带着这样的思想，所以才会那样急切地催促孩子，不仅如此，我们内心恐怕还会因为孩子没有达到我们的要求而感到不耐烦。

如此看来，我们总催孩子，到头来却会让自己更加着急。而且，

我们这样的催促势必会打乱孩子原来的做事节奏，使他更慌张，做起事来更慢。这样一种对双方都不利的做法，我们的确需要好好改一下了。

多对自己说"别着急"

俗话说："心急吃不了热豆腐。"这句话就是在告诫人们，遇事要沉稳。可这句话在很多妈妈这里似乎并不起作用，她们总是一副很着急的样子，不论是要求孩子还是要求自己。我们该多提醒一下自己，让自己不要太着急。

无论是在做什么事情，家务、工作、照顾家人，尤其是对待孩子，如果我们自己不着急，也就不会急着去要求孩子。而一个人只有保持一种轻松的状态，他才能更好地去做事。提醒自己不要着急也是平复心情的一种手段，这样我们才能静下心来去想事情，才能更好地处理自己的工作，才能将我们的生活、全家的生活都安排得更为舒适。

偶尔迁就一下孩子的速度

我们有我们自己的做事节奏，孩子也有他自己的做事速度。可在生活中，我们总是要求孩子必须要跟得上我们的节奏，我们却从来都不去迁就他的。仔细想一想，这是不是有些不公平呢？

适当的时候，我们也要迁就一下孩子的速度。比如和他一起出门时，走得慢一些，孩子自然就能跟上我们的脚步；在做家务事时，和孩子一起做，他也就不会自己一个人做到最后……

不过，我们要注意，迁就孩子绝对不是事事都顺从于他，我们也要有原则。我们不能迁就他的拖拉磨蹭，如果他做事太慢，我们还是要纠正他这种拖拉的毛病。

要懂得享受悠闲的生活

两位妈妈在一起聊天，其中一位妈妈说："这日子过得太快了，每天都有做不完的事情，我觉得好累。我那儿子又让我那么不省心，做什么都拖拖拉拉的，看着就让人着急。"另一位妈妈却笑笑说："你的生活太紧张了，你的紧张也传染给了你的儿子，你需要好好休息一下，享受享受生活。"第一位妈妈连连摆手："我哪有那闲工夫？一看我那慢吞吞的儿子我就觉得我要忙的事太多了！"

很多妈妈可能都会和第一位妈妈有同感，她们的生活被安排得很紧张，好像事业、家庭已经构成了她生活的全部。可就如第二位妈妈所说的那样，我们应该懂得享受悠闲的生活，不要自己将自己逼到那种忙碌不堪的状态中去。我们紧张的情绪的确会传染给孩子，这样他做事与生活的节奏势必会因我们的影响而被打乱。

其实我们完全可以"忙里偷闲"，好好安排一下自己的生活。除了忙碌还要有悠闲的时间，而且即便是在劳动时，我们也可以让劳动变得有意思起来。比如我们叠衣服时能够慢慢来，那么孩子也可能会过来帮忙，我们就能和他一边聊天，一边做事，这将是一个多么其乐融融的场景。类似的场景还会有许多，我们要学会自己去寻找。

[下篇]
教孩子学会合理利用时间，彻底和拖拖拉拉说再见

我们做妈妈的都有这样的体会：那些行动积极、不拖拉的孩子，都懂得合理利用自己的时间。只有让孩子学会合理利用自己的时间，他才会彻底改掉拖拉的毛病，而且会变得积极起来，懂得向时间要效率。可以说，合理利用时间是一种非常好的习惯，对孩子以后走上工作岗位有很多益处。

第五章

谁偷走了你的时间？
—— 纠正孩子浪费时间的坏习惯

时间对每个人来说都是公平的，每个孩子一天都拥有 24 小时，但是他们在相同时间内的收获却不同。这是因为有的孩子善于管理自己的时间，而有的孩子却不知道珍惜时间，让时间白白地流走了。只有培养孩子的时间管理能力，他才能有效利用时间，不会因拖拉而浪费时间。

第五章 谁偷走了你的时间？——纠正孩子浪费时间的坏习惯

真是不想起床啊！

——别再纵容孩子睡懒觉了

许多孩子都爱睡懒觉，常常是我们把饭做好了，叫了一遍又一遍，他就是拖拖拉拉地不肯起。好不容易叫起来了，还满脸的不高兴，说我们打扰了他的好梦。

"丁零零……丁零零……"闹钟响了好几遍，萱萱就是不肯起床。"萱萱，起床吧，该吃饭了。"妈妈说。"嗯。"萱萱答应着，翻了个身继续睡。妈妈摆好碗筷，回头看看萱萱竟然还没起，"萱萱，再不起床可要迟到了啊。"妈妈说。"知道了。"萱萱答道，但是她依然没有动。"萱萱，7:10了。"妈妈说。"什么？7:10了？您怎么不早叫我啊？"萱萱一边埋怨一边急急忙忙地穿衣服。"你这孩子，我都叫了你多少遍了，你都不肯起。竟然还埋怨我不早叫你。"妈妈说。萱萱可顾不上听妈妈解释，她手忙脚乱地洗漱完，胡乱吃了两口饭就去上学了。怎么才能纠正女儿爱睡懒觉的坏习惯呢？妈妈可真是感到头疼。

我们常常为叫孩子起床而发愁，为什么叫了一遍又一遍他就是不肯起呢？每天起床都像打仗一样，眼看快迟到了他才肯起来，然后急

孩子总是拖拖拉拉，妈妈怎么办？

急忙忙地去上学。睡懒觉不但会导致孩子上学迟到，还有许多孩子因为睡懒觉而没时间吃早饭。长期如此，会破坏孩子体内的生物钟，使身体的生物节律失调，导致白天上课的时候哈欠连天，没有精神，不能集中精力听课；晚上该睡觉的时候却来了精神，无论如何也睡不着。长期不吃早饭还会影响孩子的胃肠消化功能，胃肠会发生饥饿性蠕动，久而久之就容易得胃炎、溃疡病……而且，到了晚上该睡觉的时候，孩子不睡觉，他身体内的各个器官都不能得到很好的休息，长此以往他的体质就会变弱，免疫力就会下降。睡懒觉对孩子的健康有如此大的危害，我们一定要纠正他爱睡懒觉的坏习惯。可是，孩子爱睡懒觉的习惯是如何养成的？我们又该如何帮他改正呢？

先改掉爱睡懒觉的不良习惯

闹钟响了，妈妈说："豆豆，快起床。"豆豆迷迷糊糊地睁开了眼睛，看了看妈妈。妈妈半睡半醒地叫了豆豆一声，之后又继续睡了。豆豆也不想起床，妈妈都不起，她自己起床似乎有点"冤"。豆豆翻了个身，也继续睡了。妈妈也没有睡踏实，过了一会儿她醒来看到豆豆还在睡，就催促豆豆说："豆豆，你要迟到了，赶紧去上学。"豆豆看看表，时间果然不早了，就只好起来洗漱，然后背着书包去上学了。

周末，即使是妈妈起床了，豆豆也不肯起床，无论妈妈叫多少遍，豆豆也像没听见一样，有时还不高兴地说："好不容易过个周末，您就让我多睡会儿吧。"

多数爱睡懒觉的孩子，他的妈妈也有同样的习惯。如果我们本身就爱睡懒觉，却要求孩子每天都按时起床，孩子就会觉得十分不公平。他会想：你都不起床，为什么要我起这么早啊？于是，当我们叫他的时候，他自然不愿意起床，总是能赖一会儿是一会儿，等到不得不起了才会爬起来，急匆匆地上学去。

所以，要想让孩子改掉爱睡懒觉的坏习惯，我们先要做一个爱早起的妈妈，给孩子做一个好榜样。这样，孩子才会有动力去改掉爱睡懒觉的坏习惯。

用音乐将孩子叫醒

俗话说"一天之计在于晨"，如果孩子每天都会因为赖床而受到呵斥，那么他将带着不好的心情开始一天的学习和生活。当他熟睡的时候突然被叫醒，难免会有不满的情绪，因此我们不妨用音乐叫他起床。

每当他该起床的时候，我们就为他放一段柔和的音乐，让他慢慢清醒过来。这样既能陶冶孩子的情操，又能让他带着美好的心情起床，起床便不再是一件让人头疼的事情了。

幽默地叫孩子起床

龙龙爱睡懒觉，每次叫他起床都很困难。有一天，妈妈叫了他几遍，他还不肯起。妈妈忽然想起龙龙很崇拜孙悟空，于是说："妖怪瞌睡虫来了！齐天大圣在哪里？"龙龙一听就来了精神，说："在这里！"妈妈说："打败瞌睡虫！"龙龙马上从床上蹦起来，学着孙悟空的样子比画起来，"瞌睡虫"就这样被打跑了。

在叫孩子起床的时候，不要高声喊："起床了！起床了！"这样孩子不但不起床，还有可能被我们惹恼，更赖着不起了。和孩子开一个小玩笑，让他乐一下，他很快就会赶走睡意，并麻利地起床。

孩子总是拖拖拉拉，妈妈怎么办？

唉，又迟到了！
—— 纠正孩子不守时的毛病

孩子的自控能力比较差，时间观念不强，所以他做起事情来总是杂乱无章，也常常不守时，如果我们不加注意，他就很容易养成拖拉的坏习惯。

妈妈接到老师打来的电话，说璇璇今天又迟到了，这可是她本周第三次迟到了。老师的批评、父母的提醒都不管用，她依然会迟到，这可怎么办呢？璇璇放学回家后，妈妈问她："你怎么又迟到了？"璇璇说："我不知道时间这么短，路上我看到有个老爷爷在打太极拳，他打得很好，我看了一会儿，到学校就迟到了。"女儿竟然在上学的路上看人打太极拳，她也太没有时间观念了。

后来，妈妈给璇璇买了一块小手表，戴在她的手腕上。妈妈说："以后上学的时候一定要注意时间，千万不要在路上耽搁，否则就又会迟到了。这块小手表你要天天戴着，它可以提醒你注意时间，好吗？"璇璇点点头。自从戴上了小手表，璇璇果然很少迟到了。

有些孩子无论做什么事情都拖拖拉拉，上学总是最后一个到，和别人约好了几点见面，也总是让别人多等几分钟。小的时候学不会守时，

第五章 谁偷走了你的时间？——纠正孩子浪费时间的坏习惯

养成习惯了长大后依旧会如此，不守时的人总是难以给人留下好印象。因此，我们要及时帮孩子纠正不守时的坏习惯。

那么，如何才能帮助孩子改掉不守时的坏毛病呢？

帮孩子认识到守时的重要性

孩子之所以不守时，是因为他没有认识到守时的重要性。

有个男孩每次出去玩都不按时回家，等他回到家，家人都已吃过了晚饭，妈妈还要重新给他热一遍饭菜。有一天，他又出去玩，妈妈说："6点之前必须要回来。"男孩答应了，但是他还是回来晚了。这次妈妈和爸爸商量好不再给他留饭菜，男孩到厨房没有找到任何吃的。妈妈说："孩子，你错过了吃饭的时间。"男孩不好意思地低下了头，当晚他没有吃到任何东西。从此以后，男孩回家再也没有迟到过。

如果孩子不守时，而我们又一次次地原谅他，他就没有机会认识到守时的重要性。人们常说"一寸光阴一寸金"，时间和机会一样从来不等人。所以，我们要让孩子懂得珍惜时间，同时也要珍惜他人的时间，不要总是迟到，让别人等待自己。一旦养成了不守时的坏毛病，将来错过的可能不仅仅是时间，也许还有机会，甚至更多……

为孩子做守时的表率

妈妈又要迟到了，她急急忙忙穿上鞋就冲出了家门。迟到对于妈妈来说似乎是家常便饭，常常是已经超过上班的时间5分钟了，她才急匆匆地冲进办公室，然后一脸抱歉地说："不好意思，路上堵车了。"

受妈妈的影响，妙妙也很爱迟到，常常因出门晚了一会儿而赶不上校车，只好坐公交车去上学。由于常常迟到，妙妙几次被老师通知叫家长，每次妈妈都跟老师说："我以后一定好好管教她，让她不迟到。"但是，妈妈自己都做不好，又怎么能管教好妙妙呢？

我们对时间的态度也会影响到孩子，如果我们经常迟到，孩子就

孩子总是拖拖拉拉，妈妈怎么办？

会认为迟到犹如家常便饭，没什么大不了的。渐渐地，他就会养成不守时的坏习惯，想要纠正孩子的这一不良习惯，我们要以身作则，为他做守时的表率。

身为妈妈，我们应该严格遵守时间，做到上班不迟到、不早退，只有我们做好了，孩子才会受到积极的影响。他会从我们对待时间的态度中学会珍惜时间，做一个守时的好孩子。

不要为孩子的迟到找借口

眼看上学要迟到了，芊芊怕受到老师的批评，大喊："妈妈，我要迟到了，你要陪我去学校。"每次芊芊迟到都要妈妈陪她去，然后让妈妈帮她撒个谎，她才敢去见老师。但是，随着妈妈"帮忙"次数的增多，芊芊的迟到也更加频繁了。

爸爸实在看不下去了，就对芊芊的妈妈说："你总帮女儿撒谎可不好，一方面，这样会助长她不守时的坏习惯；另一方面，撒谎也是不对的，会对芊芊造成不好的影响。"妈妈说："你说得对，可是不帮她撒谎她就不肯去上学。"爸爸说："你要跟老师讲明情况。"

几天后，芊芊又迟到了，又要求妈妈陪她去上学。这次妈妈见到老师后，说："芊芊每次迟到都让我来帮她撒谎，以后我再也不帮她撒谎了，她再迟到您就批评她吧。"芊芊受到了老师的严厉批评，回到家还哭了一场。但是，从此以后芊芊却再也没有迟到过。

许多孩子不敢迟到就是因为怕受到老师的批评，因此，他迟到时就会缠着我们帮他找借口，让他免受批评。帮孩子找借口，等于纵容他不守时的坏习惯，我们一定不能这样做。要鼓励孩子自己去面对迟到所带来的后果，而他一旦因为上学不守时受到了批评，就会记住教训，以后再也不敢迟到了。

第五章　谁偷走了你的时间？——纠正孩子浪费时间的坏习惯

不知道把它丢到哪里了！

—— 培养孩子做事有条不紊的习惯

"冬冬，快来吃饭，吃完饭好去上学。"妈妈喊道。"妈妈，我袜子不知道放在哪里了。"冬冬说。妈妈只好又给冬冬拿了一双袜子。临上学前，妈妈说："检查一下书包，看看有没有落下东西？""哎呀，我的作业本不在书包里。"冬冬说。"作业本不在书包里？你昨天写完后放在哪里了？"妈妈问。冬冬来不及回答，跑回房间一阵乱翻，在书架上找到了作业本，然后装进书包急急忙忙上学去了。"唉，这个孩子，整天丢三落四的！"妈妈叹着气说。

许多孩子都有拖拉、丢三落四的毛病，不是这件事忘记做了，就是那个东西忘了拿了，自己的物品总是找不到，甚至连第二天要穿的衣服、上学要带的课本、作业本都不知放在了哪里。看到孩子做事总是没头绪，我们只好跟在他后面千叮咛万嘱咐，这个要放好，那件事别忘了做。久而久之，我们总是很操心，孩子也觉得我们很唠叨。

但是，当我们习惯于给孩子收拾烂摊子之后，他就会认为我们做这些是理所当然的。当他看到房间乱的时候，就会不高兴，觉得我们没帮他收拾好；当他找不到东西的时候，又埋怨我们没有归置好他的

孩子总是拖拖拉拉，妈妈怎么办？

物品。面对这种情况，我们应该怎么办呢？

教孩子每天晚上为第二天上学做好准备

每天早晨孩子的时间都比较紧，他要迅速起床穿好衣服，洗漱完毕，吃饭，背着书包去学校。如果前一天没有提前做好上学的准备，早晨就会显得更加忙碌。因此，我们应该教孩子，在每天写完作业之后将课本、作业本等上学需要用的物品装进书包，然后检查一遍看看有没有遗漏。检查完毕，要将书包放在固定的位置，第二天可以直接背着去上学。这样就不会有忘记带课本、找不到作业本的情况出现了。

另外，有不少孩子早晨越是忙，越会找不到袜子，找不到要穿的衣服。所以，我们应教孩子在睡前将第二天要穿的衣服拿出来，放在床边，这样第二天起床后就不会着急了。

帮助孩子养成列清单的习惯

这个周末，泽瑞盘算好了要做5件事情：和妈妈去动物园、写作业、和隔壁的明明一起打球、读课外书、去姥姥家。周六一大早，他就跟妈妈说："妈妈，您不是说这周末带我去动物园吗？"妈妈说："你的作业写完了吗？写完我们就去。"泽瑞说："这周作业少，回来再写也来得及。""真的吗？你保证能完成？""当然了。"泽瑞拍着胸脯说。

于是，周六上午妈妈带泽瑞去了动物园。从动物园回来，泽瑞就和明明打球去了，打球回来他又看起了课外书。第二天一早，泽瑞又跟着妈妈去了姥姥家，从姥姥家回来已经是下午了。刚到家，泽瑞就回到房间开始写作业，一直写到晚上才写完。妈妈说："我还以为你昨天就把作业写完了呢！没想到你晚上才急急忙忙地赶作业。"泽瑞说："我这两天不是都很忙吗！"

妈妈说："忙也要忙得有重点，你要记住，紧急而且重要的事情要先做，重要但是不紧急的可以后做，其他事情可以等有时间了再做。对于你来说写作业就是重要而紧急的事情，必须要先把作业写完才能去做其他的事情。以后，如果有多件事要做时，要先列一个清单，把重要而紧急的事情列在第一位。"泽瑞点点头说："好的，妈妈我记住了。"

今天要做的事情有哪些？明天又该做什么？如果孩子做事没有条理性，我们就教他将要做的事情一一列出来，然后按照清单去做事。在列清单的时候要让孩子考虑到哪些事情应该先做，哪些事情应该后做，要按照事情的轻重缓急分出先后。否则，紧急的事情没有做，不紧急的事情却占据了孩子大部分的时间和精力，最终不但会手忙脚乱，事情还往往做不好。

适当地"惩罚"一下做事没有条理的孩子

有个男孩做事没有头绪，总是想起什么来就做什么。他的书总是随手乱丢，衣服穿过也是到处乱放，妈妈提醒他注意一下，他总是把妈妈的话当作耳旁风。上学的时候，他总是忘了带课本、红领巾，很多次都是妈妈给他送到学校去的。

有一次，妈妈发现他又把作业忘在家里了，但是这次妈妈没有去给他送。男孩放学回来后对妈妈说："妈妈，我今天忘记带作业了，老师批评了我。"妈妈说："以后你可要整理好自己的物品，不要再丢三落四了。"男孩点点头，从那以后，男孩每天睡前都会检查一遍上学需要带的物品，做事有条理多了。

有时我们对孩子嘱咐多次，他还是听不进去，但是偶尔让他受一点小小的惩罚，他反而能够记忆深刻，并因此学会有条理性地去做事。所以说，适当地"惩罚"一下做事没有条理的孩子，也许会收到意想不到的教育效果。

孩子总是拖拖拉拉，妈妈怎么办？

一上网，时间就过得特快！

—— 让孩子有节制地上网

21世纪是信息化的时代，随着信息技术的发展和普及，人们已经越来越离不开电脑了。人们无论是工作、生活还是娱乐，都会用到电脑，可以说一个不会使用电脑的人，算是半个文盲。所以，只要条件允许，我们一定要让孩子掌握一些电脑知识，学会高效地利用网络上的资源。但是，网络在为人们带来方便的同时，也具有巨大的诱惑力。面对网络上大大小小的网络游戏，就连成人都容易沉溺其中，更别说自控能力差的孩子了。

很多时候，我们提醒孩子"你已经上了很久了，关掉电脑吧"，他总是拖拖拉拉地不肯关，似乎网络对他有着巨大的吸引力。

13岁的男孩彬彬迷上了一款网络游戏，每天写完作业后，他都迫不及待地坐到电脑前玩游戏。开始时，他对妈妈说他要用电脑学习，但是后来妈妈却发现彬彬每天晚上在家人都睡下后，偷偷起来打游戏。妈妈勃然大怒，一气之下打了彬彬一顿，还给电脑上了锁，不让他玩游戏了。

不久之后，妈妈接到老师打来的电话，说彬彬经常逃课。于是，妈妈在彬彬上学的时候跟踪他，发现他原来是跑到网吧上网去了。

孩子上网成瘾，是让很多人都为之头疼的问题。网瘾指的是由于孩子长时间习惯性地沉浸在虚拟世界中，对互联网产生了强烈的依赖，甚至达到了痴迷的程度，因而难以自我解脱的行为状态和心理状态。众所周知，网瘾是难以戒除的，那么如何才能预防孩子上网成瘾，让他学会有节制地上网呢？

不粗暴地禁止孩子上网

有些人为了防止孩子上网成瘾，就干脆禁止他上网。但是，能否禁止得住却是个问题。现在的孩子都会使用电脑，即使我们的孩子不上网，其他孩子也会讨论网络中的事情，孩子出于好奇就会询问，也许还会跟其他孩子一起去网吧上网。

由于孩子天性好奇，越是受到禁止的事情，他就越要去做，所以越是禁止他上网，他越是要去上。即使在家不能上网，也要偷偷摸摸地到网吧或者其他同学家去玩。因此，不如不禁止他上网，就让他在家里使用电脑，这样我们反而有机会监督他。

不要把电脑放在孩子的房间

为了方便孩子学习和查询资料，不少人将电脑放在孩子的房间里。这样，孩子使用起电脑来也许会更方便，但是如果他毫无节制地上网，我们也不容易发现。这样做其实是等于给孩子沉迷于网络提供了机会。

我们应该把电脑放在客厅等公共场所，这样即使我们不刻意去监督孩子，他也会因为上网的时候身边有人走来走去而感到一种无形的压力。因此，他就能够约束自己不去玩游戏，不浏览非法网站，有节制地上网。

孩子总是拖拖拉拉，妈妈怎么办？

和孩子约定好上网的时间

强强喜欢上网，每次一上网就是好几个小时，玩到眼睛发花也不肯离开电脑。妈妈叫他的时候，他却说："我才玩了一会儿。"妈妈说："都已经两个小时了，怎么说才玩了一会儿呢？"原来，强强一上网就会觉得时间过得特别快。

为了让强强有节制地上网，妈妈跟强强商量制定了一个上网时间表。最终，议定强强每周上网两次，每次不超过 1 个小时。开始，强强总是管不住自己，到了时间还是想要玩。于是，妈妈给强强买了一个定时器，每当强强开始上网，妈妈就在定时器上定上 1 个小时，到了时间定时器就会响起来，强强听到定时器的提醒，就主动关上电脑了。

为了让孩子有节制地上网，我们可以和他约定好上网的时间，并及时提醒孩子按时关掉电脑。需要注意的是，在制定上网时间表的时候，一定要和孩子商量，不要单方面做出规定，这样会引起孩子的逆反心理。在经过商议制作了上网时间表之后，如果他违反了自己的承诺，就会感到羞愧，我们提醒他时间到了的时候，他也比较容易接受规劝。

给爱上网的孩子多一点爱

孩子上网不知节制，沉迷于网络聊天、网络游戏与他自制力差有关系，但是他之所以会沉迷于网络世界中而不关心现实生活，还有一个原因，那就是他在生活中没有得到足够的爱和重视。于是，他想通过网络聊天来宣泄自己心中的不满，也想通过网络游戏来获得成就感。

因此，对于爱上网的孩子，我们不应该一味地呵斥他，而应该多给他一点关怀，多跟孩子沟通，了解他的想法，让他知道我们很爱他、很关心他，让他感受到现实世界的温暖。这样，孩子自然就不会过度沉迷于网络了。

第五章　谁偷走了你的时间？　——纠正孩子浪费时间的坏习惯

我再杀一盘，然后立即……

—— 别让孩子"讨价还价"

当我们让孩子去学习的时候，他总是说："再等一会儿，我看完这个动画片。"或者是："我再玩半小时，行吗？"当我们说"不行"，他就说："那再玩20分钟，10分钟总可以了吧？"催促他学习，他就开始讨价还价，好像他是为我们而学的。

快期末考试了，亮亮还是每天回到家就看电视，一点儿也不知道努力。妈妈看了不禁为他着急，于是说："亮亮，快要期末考试了，你该多看看书了。"亮亮说："知道了，妈妈。我再看会儿电视。"

"不能总看电视，这次期末考试一定要考个好成绩啊。"妈妈说。"如果考好了，妈妈奖励我什么？"亮亮问。

妈妈说："你想要什么？""我想要一个PSP掌上游戏机。"亮亮说。"游戏机？不行。换个别的吧。"妈妈说。"那我要一个MP3，不但可以听音乐，还可以听英语，这样总可以了吧？"亮亮说。"好吧，如果你考个好成绩，妈妈就送你个MP3。"妈妈无奈地说。

每次妈妈要求亮亮努力学习，亮亮都要提条件，有时妈妈会想，亮亮是为什么而学习的？为了得到奖励吗？

孩子总是拖拖拉拉，妈妈怎么办？

为什么有些孩子如此难缠，要求他去做的事情，他从来不肯痛快去做呢？其实，孩子爱讨价还价的毛病与我们采用的教育方式有关。为了鼓励孩子努力学习，有时我们会说"如果你考好了，我就给你买你想要的东西"，或者是"你好好写作业，明天带你去科技馆玩"。久而久之，孩子就会认为"我好好学习，就应该得到奖励"，并且觉得我们有求于他，所以无论我们要求他做什么，他都会想要一点儿"好处"，还会和我们"讨价还价"。可是，如何才能帮孩子改掉这个爱"讨价还价"的坏习惯呢？

改变对孩子提要求的方式

孩子爱"讨价还价"无非是想得到"好处"，而这些好处基本上都与物质有关。如果我们习惯了以物质奖励来鼓励孩子努力学习，常说"考好了我给你奖品""写完作业带你出去玩"之类的话。这样孩子就会跟我们商议"考好了给我什么奖励啊？""写完作业会带我去哪玩儿？"于是，孩子就会变得越来越难缠。

为了不给孩子"讨价还价"的机会，我们应该改变提要求的方式。比如，"这次一定要考好，证明自己的实力""先去写作业，写完作业才可以玩"。这样，孩子就不会有机会和我们"讨价还价"了。另外，我们也可以把物质奖励换成精神奖励，比如拥抱孩子一下，或者是口头夸奖他等。口头奖励一样能起到激励孩子的作用。

让孩子接受讨价还价的后果

瑞瑞和妈妈说好看1个小时的电视，时间快到了，妈妈说："还有5分钟哦，5分钟后关掉电视。"瑞瑞说："妈妈，延长10分钟可以吗？"妈妈说："不可以。""那5分钟呢？延长5分钟总可以吧？"瑞瑞说。妈妈说："不可以，现在还有3分钟了。""刚才那2分钟我和您说话了不算，那就延长3分钟吧？"瑞瑞继续跟妈妈"讨价还价"。

妈妈说:"是你要和我商议的,这段时间也算在预定看电视的时间之内,现在只剩下2分钟了。"瑞瑞不说话了,他看了2分钟后看看妈妈,妈妈没有妥协的意思。瑞瑞只好关掉电视去看书了。

如果孩子第一次跟我们"讨价还价"的时候,我们做出了让步,那么,每当我们对他有所要求的时候,他都会"讨价还价",所以,我们应该坚持原则。虽然明知道这种坚持会使他在时间上延误,会使他受到老师的批评,但我们也不要心软,因为这是他应该承担的后果。有过这样一次经历,他就不会再想要"讨价还价"了。

帮孩子树立"为自己而学习"的观念

孩子之所以会在有关学习的事情上和我们"讨价还价",是因为他认为"我是给父母学的"或者"为了奖励而学习"。所以,得不到奖励他就不高兴,我们一定要纠正他的这种心理。要让孩子知道学习是为了自己,而不是为了他人,更不是为了获得奖励。只有这样,孩子才能真正全身心地投入到学习中。

孩子总是拖拖拉拉，妈妈怎么办？

白天老犯困呢！
—— 纠正孩子爱熬夜的坏毛病

有的孩子喜欢熬夜，熬夜学习、看电视、看课外书，白天上课的时候，由于晚上睡眠不足，就没有精神。老师在讲台上讲课，孩子在下面哈欠连天。晚上不肯睡，白天老犯困，渐渐地，这种不良的状态就会形成一种恶性循环。

"张婷，张婷！"老师敲了敲张婷的桌子，她才醒过来。原来，老师讲课时，张婷在下面睡着了，睡得还很香。这已经是张婷一周内第二次在课堂上睡着了，看到这种情况老师不禁皱起了眉头，这个孩子怎么回事？为什么上课总是睡觉呢？

晚上，老师给张婷的妈妈打电话询问情况："张婷最近上课总是犯困，有两次还在课堂上睡着了。她晚上休息不好？"妈妈说："这个孩子越来越爱熬夜，晚上让她睡觉，她总是拖拖拉拉不肯睡。早晨又醒不了，看来我以后要催她早点睡了。"

孩子晚上睡得迟，经常在11:00甚至12:00以后才回房休息，有时躺下之后还睡不着，脑子里杂念纷飞。"日有所思，夜有所梦"，由于睡前思考的事情太多，睡着之后乱梦纷纭，大脑也不能得到很好的休息。

早晨，孩子就不愿意起床，即使勉强起来了，白天听课的效率也不会高。

有人以为孩子晚上少睡一会儿，午睡的时候还可以补上。事实上，人在白天和晚上的睡眠效果是大不相同的，熬夜会对孩子的身体造成损害。

首先，熬夜会影响孩子身高的增长。孩子的身高与遗传、营养等因素有关，但是与身体的内分泌也有很大关系。人脑的中下丘脑组织能分泌促进儿童身体发育的生长激素，而这种生长激素主要在夜间 10:00 到凌晨 1:00 之间分泌。在孩子熟睡后的 60~90 分钟，生长激素的分泌量会明显增加，约占全天分泌量的 1/2。如果孩子长期迟睡，就会影响其体内生长激素的正常分泌，从而影响他的身高。

其次，经常熬夜容易使孩子的免疫功能下降。孩子在夜间如果睡眠充足就能够消除身体的疲劳，在睡醒后就会觉得全身充满活力。而长期熬夜的孩子会出现精神不振、食欲减退、体重减轻的情况，他会经常感到疲倦，还容易感冒，甚至患气管炎、过敏性鼻炎等疾病。

最后，熬夜还会影响孩子的智力发育。睡眠对于青春期前的孩子来说尤为重要，经常熬夜就会使孩子的生物钟紊乱。早晨会昏昏欲睡，而晚上则睡不着，久而久之就会影响孩子的智力发育，导致学习成绩下降。

熬夜对孩子的伤害如此大，那么如何才能帮助孩子纠正爱熬夜的坏习惯呢？

父母先要做到不熬夜

妈妈非常爱看电视，每天晚上都看到很晚才肯睡。媛媛也就跟着妈妈一起看电视，电视剧不结束就不肯回房间睡觉，即使看完电视回到房间，她的脑子里也常常会猜测电视剧下一集的情节。第二天早晨，媛媛总是睡不醒，妈妈只好一遍遍地叫她，媛媛强打精神起床，到了学校之后还常常犯困。上课的时候，她也常常不由自主地去想电视剧里的情节，一段时间之后，媛媛的学习成绩不如从前了。

有的人喜欢熬夜看电视，甚至叫上几个朋友在家里打扑克、搓麻将，孩子也就会跟着熬夜。如果这时我们呵斥孩子说："你怎么还不去睡觉？"孩子也许表面上不敢说什么，但他心中会不服气，暗想"你自己都不睡，却要求我去睡"。而且，室内有其他人在看电视、打牌，声音过于嘈杂，也会影响到孩子，他的心无法静下来，就难以进入睡眠状态。因此，要想让孩子按时睡觉，我们首先不能熬夜，这样孩子才会按时休息。

为孩子创造一个温馨的睡眠环境

不少父母都喜欢把孩子的卧室布置得很美观，但是房间的色彩冲击力太强会使人不容易平静下来，孩子即使躺在床上也难以入睡。因此，我们最好将孩子的卧室布置得温馨一些，色彩要淡雅，不要过于浓烈。另外，孩子的卧室中不要放电脑、电视，防止孩子熬夜看电视、玩游戏。

在睡前不要让孩子看刺激、恐怖的电视节目或者吃太多的东西、做剧烈的运动，更不要在睡前训斥孩子，要让孩子在睡前保持平静的心情，这样才有助于他入睡。

白天别让孩子睡太多

有些孩子之所以晚上睡不着是因为白天睡得太多了，为了保证孩子晚上的睡眠，白天我们要控制他的睡眠时间，不要让他睡太久。一般来说，午睡半个小时到1小时就可以了，孩子如果白天睡太久，到了晚上就会睡不着。

有时，孩子如果晚上熬夜了，白天就会想要多睡一会儿，这时我们也应该把他叫起来，让他到晚上再睡，避免因为白天睡太久而导致他的生物钟紊乱。

教孩子做好睡前准备工作

对于晚上不易入睡的孩子，我们要教他做好睡前准备工作。要让孩子每晚睡前坚持用热水泡脚，泡脚可以让孩子放松，有助于他进入深度睡眠状态。要"先睡心，后睡眼"，也就是说在睡觉之前不要让孩子思考杂事，要让他身心放松下来，不要躺在床上看书或看电视。可以让他听一段舒缓的音乐，或者是在睡前喝一小杯牛奶，这样，有助于孩子快速进入睡眠状态。

第六章

你要做一下计划哦!
——教孩子学会合理地利用时间

有的妈妈很疑惑:每个孩子都有同样的学习时间和学习任务,为什么自己的孩子却无法取得优异的成绩呢?其实,主要是因为孩子不会利用时间,不知道自己该做什么。因此,我们做妈妈的要让孩子学会合理地利用时间,帮助他制订切实可行的学习计划。

学习，我不知道怎么学啊！

—— 制订学习计划很重要

儒家经典《中庸》言："凡事豫则立，不豫则废。"意思是说，做任何事情都要有计划，这样才会起到事半功倍的效果，否则就可能事倍功半，甚至失败。可见，制订计划对孩子来说是非常重要的，可以让他有规律地生活，有规律地学习。

在学习上，每一个孩子都应该树立自己的目标，为了实现目标，就需要制订与之相应的学习计划。当孩子制订了学习计划后，就不用去想自己下一步该做什么，也不用为了决定下一步做什么而游移不定，自然也不会出现在学习上拖拉的现象。

孩子按照计划行事，可以使他的学习和生活节奏分明，该什么时候学习他就能安心地学习，该什么时候休息他就能放松地休息。慢慢地，孩子就会养成良好的学习习惯，就可以更有效地利用时间，提高学习效率。

有时候，孩子虽然制订了学习计划，但是他的学习计划总会受到各方面的冲击。这时，孩子为了实现自己的学习计划，就会努力排除一切干扰和困难。在这个过程中，还可以磨炼孩子的毅力。

孩子总是拖拖拉拉，妈妈怎么办？

调查研究表明：成绩优异的学生有一个共同的特点，那就是学习有计划，一步一个脚印。可见，学习计划对于孩子的学习来说是非常重要的，会对他的学习有很大的推动作用，是孩子能否取得成功的关键因素之一。因此，我们做妈妈的要对孩子进行正面的引导，通过适当的方式让他明白制订学习计划的重要性。

学习没有计划，缺乏条理性，是儿童时期的一种自然反应。可是父母们却会"不遗余力"地帮助孩子计划好一切，这就使没有计划性的孩子更加糊里糊涂，不知道自己应该怎么学习。

我们经常会看到，有的孩子看起来每天忙忙碌碌，一学就是好几个小时，但是总结一下就会发现，虽然忙碌了几个小时，却没有任何意义和价值。究其原因，就是没有制订属于自己的学习计划，他不知道自己该做什么。

明天就要开学了，可上3年级的曼曼却犯了愁。因为，她的暑假作业还没做完呢。曼曼一大早就起床开始写作业，连中午饭都没好好吃，妈妈尽管有些心疼女儿，但是妈妈知道，这是她事先没有计划好的结果。

其实，在暑假一开始，妈妈就多次提醒曼曼，让她安排好自己的学习，制订一个学习计划，让暑期过得轻松而有意义。但是，曼曼毕竟只是个10岁的孩子，爱玩是她的天性，暑假最想做的事情就是痛痛快快地玩。

因此，曼曼虽然口头上答应了妈妈，但是一直没有付诸行动。于是，妈妈决定不再提醒曼曼，而是让她记住这个教训，进而认识到制订学习计划的重要性。

经过一天的"奋战"，曼曼终于完成了暑假作业，她疲倦地上床睡觉了。妈妈走进曼曼的房间，意外地在她的书桌上发现了一张纸条，上面写着："妈妈，我下次一定要制订学习计划！"妈妈欣慰地笑了。

有时候，我们和孩子讲"制订学习计划很重要"的道理，或者干脆强迫他去做，有可能会使他产生厌烦、叛逆的心理。而曼曼妈妈的这种做法却让孩子通过亲身的经历，真正体会到了制订学习计划的重要性。

当然，让孩子懂得"制订学习计划很重要"的方法还有很多，比如，我们以身作则，用成功的事例启发、激励他们等。当孩子有了"制订学习计划很重要"的认识后，我们就可以顺理成章地鼓励和引导他制订出合理的学习计划。

孩子总是拖拖拉拉，妈妈怎么办？

我知道该做什么了！
—— 教孩子列出具体的学习任务

当我们做妈妈的教孩子制订合理的学习计划时，首先要和孩子算一下他有哪些具体的学习任务，并把这些学习任务一一列出来，然后再计算一下每天有多少学习时间可供孩子支配，每项学习任务大概需要多少时间，最后把这些学习任务分配到每一天、每一周当中去。这样，一份学习计划才算是真正做好了。

制订的学习计划是否合理，还要看一下列出的学习任务是否具体。我们经常看到有的孩子列出的学习任务很笼统，那么，在实际操作中，他就不会取得好的效果。这时，我们需要帮助孩子调整，让学习任务具体化，让他有据可循。

李昊刚刚升入6年级，妈妈为了让他能顺利考进重点初中，要求他制订一份学习计划。李昊很快就制订出了自己的学习计划，计划的内容是这样的：

周一：复习数学

周二：复习语文

周三：复习英语

第六章 你要做一下计划哦！——教孩子学会合理地利用时间

……

然后，李昊拿给妈妈看，妈妈觉得这个计划太不具体了，如果学习任务不具体，孩子在实际操作的时候还是不知道该做什么。于是妈妈耐心地说："儿子，你列的计划还不错，但是我觉得还需要具体一些。把纸和笔拿来，我们一起来制订一份具体的学习计划。"

在母子俩的合作下，李昊一周的学习计划制订好了，每天的安排都很具体、明了，其中一天的学习内容是这样的：

早上6:30-7:00：朗读英语第二单元"Where is the science museum？"的课文，记忆hospital，cinema，post office等单词；

晚上7:00-8:00：写老师布置的家庭作业；

晚上8:00-8:30：休息，可以做自己喜欢做的事情；

晚上8:30-9:30：复习数学第二单元《分数乘法》——分数乘以分数的运算，做一做配套练习册的题目；

晚上9:30-10:00：预习语文第5课《詹天佑》，朗读课文，了解课文主要讲了什么，画出生僻字，把一些重点字词、关键语句、疑难处用不同的符号标记出来。

有了如此具体的学习任务，李昊每天都知道自己该做什么，目标很明确，学习也有了动力和积极性。慢慢地，李昊不需要妈妈的帮助，自己就能制订合理的学习计划，列出具体的学习任务。而且，李昊还学会了合理安排学习时间，学习效率也提高了。

可见，如果学习计划里的学习任务不具体，那么孩子在执行计划的时候就没有针对性，就容易拖延时间，没有真正意义上的收获。如果学习计划里的学习任务具体明确，那么就更便于孩子实际操作，也会取得更好的学习效果。而且，列出具体的学习任务，还有利于孩子自己检查任务完成的情况。

我们在教孩子列出具体的学习任务时，可以分为以下3个步骤。

了解孩子学习的科目及不同科目的分量

我们要想列出具体的学习任务，一定要了解孩子学习的科目，比如语文、数学、英语、品德与生活、科学、美术，等等。然后分清楚不同科目的分量，也就是哪些是主要的，哪些是次要的。

一般情况下，语文、数学、英语是主要科目，我们就可以针对主要科目列出具体的学习任务。对于其余的科目，比如美术、科学等，就可以留给孩子自由支配的时间，让他学习自己感兴趣的科目。

列出各个科目的学习任务

我们了解了孩子学习的主要科目之后，还要根据每个科目列出不同的学习任务。需要注意的是，学习任务一定要具体，否则孩子在执行的过程中还是不知道该做什么。比如，数学学到了哪一个单元，这个单元有哪些需要掌握的公式、定理，有哪些典型的习题，需要着重做哪方面的练习，等等。

针对不同科目，合理安排学习时间

我们把每个科目的学习任务列出来之后，还要计算一下孩子每天有多少时间学习，不同科目的学习任务大概需要多少时间，然后合理安排学习时间。

另外，每个孩子的学习情况是不一样的，学习任务的安排也需要突出重点。所谓的重点，一是指不同科目知识体系中的重点内容；二是指孩子自己学习中的弱项。我们要帮助孩子合理安排学习任务的比例，让他把有限的时间和精力用在"刀刃"上。孩子不仅要集中学习重点内容，同时也不能忽视非重点内容的学习，这样他的学习才能得到全面进步。

不做"突击队员"了!

—— 确定孩子每天的学习量

在学习中,相信很多孩子都做过"突击队员"。因为,孩子年龄小,自我控制能力较弱,常常不知道自己应该先做什么,后做什么。比如,周末的作业,有的孩子会在周五晚上全部做完,这样周末就可以痛痛快快地玩;有的孩子是先痛痛快快地玩,等到周日下午或晚上,才去突击写作业。

孩子在这种心理的促使下写作业,一定无法真正静下心来,作业的质量无法得到保证,孩子也无法养成良好的写作业习惯,学习效果自然也不会好到哪去。因此,我们要给予孩子正确的引导,教他合理利用时间,尽量做到学习、玩耍两不耽误。

小杰今年上4年级,暑假的时候,妈妈担心他只知道玩,不知道学习,于是就给他布置了一些相应的作业。因为妈妈平时工作很忙,就安排在每周末的时候检查小杰一周的学习情况,主要是看他作业完成了没有。

几周过去了,每次妈妈检查小杰作业的情况时,他都能完成,妈妈感到很欣慰。一天,妈妈在和邻居家的阿姨聊天时得知,小杰几乎每天都在外面玩。妈妈听了很生气,同时也很疑惑,每次检查作业的

孩子总是拖拖拉拉，妈妈怎么办？

时候，他都能很好地完成，这到底是怎么回事呢？

原来，小杰从周一到周四都在外面和小朋友玩，一点儿也不学习，到了周五的时候，他就花一天的时间拼命赶一周的作业，这样就可以应付妈妈的检查了。

妈妈知道了这个情况后，随即改变了策略，她不再每周末检查小杰的作业，而是每天下班之后，先检查小杰一天的作业情况。这样一来，小杰再也不能搞"突击战"来应付妈妈的检查了。

小杰之前的问题是没有合理地安排好自己的学习时间，一开始就知道疯玩，眼看妈妈要检查作业了，他才开始突击完成作业。面对小杰的这种情况，妈妈很有智慧，及时改变了策略，确定他每天的学习量，并及时检查他的完成情况。慢慢地，小杰就不再搞"突击"了。因此，我们做妈妈的为了不让孩子做"突击队员"，就要确定他每天的学习量。

帮孩子安排好每天的学习量

对于孩子的学习，我们一定要帮助他安排好每天的学习量。比如，关于假期作业，我们可以先和孩子一起算一下假期一共有多少作业，然后把这些作业分配到每一天，确定好每天要完成的量。

在帮助孩子制订学习计划的时候，我们也要安排好每天的学习量，比如，每天记忆几个英语单词，抄写几句日常用语，做几道数学题，朗读几遍语文课文，等等，都要有一个比较具体的量。

我们帮孩子安排好了每天的学习量，就会便于孩子具体操作，一步一个脚印，循序渐进，日积月累，孩子的学习习惯自然就会得到培养，学习效果自然就会得到提高。

根据孩子的情况确定学习量的多少

每个孩子的情况是不一样的，我们要根据他的学习现状、接受能力等，让他对自己有一个正确的分析，然后再确定自己每天的学习量。

如果学习量定得太低，孩子轻轻松松就能完成，他就容易产生满足感，容易出现松懈的现象，不利于他的进步；如果学习量定得太高，容易打击孩子的积极性，从而让他失去前进的动力，或者是孩子为了快速完成学习量而忽略质量，致使学习计划流于形式。

因此，每天的学习量一定要恰到好处，可以本着"蹦一蹦够得着"的原则，"蹦一蹦"就需要孩子付出努力，"够得着"就是孩子经过努力可以完成。

引导孩子"今日事今日毕"

今日事今日毕，意思是说，今天要做的事情，必须今天完成，千万不要拖到明天再去做。我们要帮助孩子树立"今日事今日毕"的观念，可以引导他把每天的学习任务按"轻、重、缓、急"理出头绪，先集中精力做着急的、重要的事情，然后再腾出时间做其他的事情。我们还要引导孩子想一想：今天该做的事情都完成了吗？

如果孩子养成了"今日事今日毕"的好习惯，不仅对现在的学习有很大的帮助，而且对未来的发展也有很大的帮助。

每天检查孩子的完成情况

为了让孩子按计划、有规律地完成每天的学习量，我们应该每天抽出一定的时间检查一下他完成的情况。这样一来，我们不仅可以及时帮助孩子改正错误，而且可以督促他认真学习，起到约束他的作用。久而久之，孩子就能自觉完成每天确定的学习量，并养成良好的学习习惯，提高学习效率。

孩子总是拖拖拉拉，妈妈怎么办？

这一天过得好慢啊！
—— 教孩子合理分配一天的学习时间

对于每个孩子来说，时间是公平的，每天都有 24 个小时，谁也不会多，谁也不会少。虽然每个孩子都花差不多的时间学习，但是取得的学习效果却有很大的差别。有的孩子学得很快乐，觉得一天的时间过得很快，学习效果很不错；有的孩子整天埋头苦读，觉得一天的时间过得很慢，学习效果也不好。

之所以会这样，其中一个原因就是有的孩子懂得合理分配一天的学习时间，而有的则不会。我们做妈妈的要想让孩子学得快乐，学得轻松，要想让他在有限的时间内取得更好的学习效果，就要教孩子合理分配一天的学习时间。

引导孩子充分利用课堂时间

孩子每天的大部分时间都是在课堂上度过的，可以说，上课是获取各科知识最重要的环节。如果孩子没有充分利用课堂时间，无论他下课花多长时间来补，也没有课堂上认真听老师讲课的效果好。因此，孩子只有充分利用课堂时间，才能理解和掌握老师所讲的内容，才能取得良好的学习效果。

充分利用课堂时间，就是要全神贯注地听课，使自己的思路紧跟老师的讲课节奏，开动脑筋思考老师提出的问题，并试着分析问题、解决问题，理解老师所讲的内容，思考并回答老师提出的问题。

有的孩子喜欢记课堂笔记，以便于复习时使用。一般来说，课堂笔记主要是记一些重点、难点和自己的疑问。有的孩子上课只顾着记笔记，记得倒是挺详细，但是听课的效果却很不好。因此，我们一定要提醒孩子，课堂笔记只要简单记录一下就行，不要因为忙着记笔记而忽略了老师讲课的内容。

指导孩子给"弱科"多分配一些时间

孩子每天放学之后，除了要分配时间完成老师布置的学习任务外，还需要分配一定的时间来消化当天学习的内容。这时候，我们需要提醒孩子，让他给自己的"弱科"多分配一些时间，以加强对"弱科"的学习。

一般来说，男孩常常会在语文、英语方面较弱，女孩常常会在数学、物理方面较弱。因此，我们要帮助孩子分析目前学习的现状，然后针对他的具体情况，让他多分配一些时间来弥补自己较弱的科目。

在孩子"弱科"的学习上，我们可以和他一起分析没有学好的原因，一起寻找更适合这门科目的学习方法，以便让他更好地学习。另外需要注意两点：一是时间上要循序渐进，如果一上来就投入大量时间，必然会增加孩子的厌倦感；二是做题要从简单的入手，如果一开始就做难题，不仅浪费时间，而且会打击孩子的积极性、摧毁孩子的自信心。

帮助孩子充分利用最佳学习时段

英国科学家研究表明：学习时段远比学习时间的长短重要得多，选择好的时段学习可以起到事半功倍的效果。因此，我们要让孩子充分利用最佳学习时段，不同的时间段学习不同的学习内容，让他学得更轻松、更快乐。

英国生理学家阿德里安经过长期研究发现，上午的时间最好用于学习或研究数学、物理、化学、艺术等知识学科；下午的时间则应选择学习或研究地理、历史、文学、语言等知识学科。因为上午的时间有利于人脑发挥逻辑思维能力和扩大想象空间，而下午的时间则有利于人脑发挥记忆功能。

每个孩子在一天的时间里，精力状态是不一样的，最佳学习时段也各不相同。有的孩子属于"百灵鸟"型，清晨和上午的精力好，学习效率较高；有的孩子属于"猫头鹰"型，晚上的精力好，思维活跃，学习效率较高；有的孩子属于混合型，全天的精力差不多。因此，我们要帮助孩子找到每天学习的最佳时段，以便他充分利用，从而取得良好的学习效果。

教孩子巧妙利用时间学习

我们应该让孩子们知道，除了可以利用每天安排的学习时间外，还可以巧妙地利用其他时间学习。比如，在吃饭、洗漱、打扫卫生的时候，可以听与学校课程相关的英语磁带；在上学的路上，可以背诵课文、古诗、英语单词……

只要孩子开动脑筋，就可以利用一些"微不足道"的时间，并合理地安排到自己的学习中，日积月累，就会有较大的收获。

我学得"头昏脑涨"

—— 告诉孩子：文理科交替学习

如今，孩子学习的科目越来越多，为了让他轻松地掌握这些知识，我们做妈妈的需要告诉他提高学习效率的有效途径——文理科交替学习。所谓文理科交替学习，就是不把内容相近的科目集中在一起学习，而是将文科和理科相互交替学习。

因为，将相近的科目放在一起学习，会造成局部脑细胞内物质的消耗过大，致使大脑疲劳；还会造成学习上的单调，使孩子产生厌倦的情绪。而且，大脑皮层工作的部位比较相近，容易使内容重叠、交错，从而引起知识体系的混乱。所以，我们要及时告诉孩子文理交替的学习方法。

杨紫今年上6年级，还有3个月就要参加小升初的考试了，于是，她把学习安排得很紧，每天都在埋头苦学。但是，在一次考试中，杨紫却没能取得良好的成绩，她为此很苦恼，心想：我每天这么努力学习，为什么却没有应有的收获呢？

妈妈决定帮助杨紫寻找原因，于是，妈妈开始亲自观察她在家学习的情况。很快，妈妈发现杨紫要么捧着语文书不放，要么就一个劲

孩子总是拖拖拉拉，妈妈怎么办？

地做数学题，不懂得"语数搭配，学习不累"的道理。

一天，妈妈问杨紫："孩子，你每天这么努力学习，累不累？"

杨紫回答："还好吧，只是时间长了就容易头昏脑涨。不过，妈妈你放心，我一定会努力的。"

妈妈耐心地说："好孩子，妈妈相信你会努力学习。但是，长时间处于学习状态，容易使大脑疲劳、困倦，会影响学习效果，所以，你一定要注意合理用脑，懂得调节。"

"那怎么调节呢？"杨紫疑惑地问道。

"你学习了一段时间后，要注意休息一下，让自己放松下来，这样才能更好地学习下面的内容。还有一个好办法，就是几门功课交替学习，比如，前30分钟学习语文，后30分钟学习数学。这样一来，大脑才能得到好的休息，你学起来也会更加轻松。"

杨紫高兴地说："嗯，我要试一试这个方法。"

在后面的学习中，杨紫使用了几门功课交替学习的方法，学得更轻松了，学习效率也提高了很多。最终，杨紫以优异的成绩考入了一所重点初中。

由此可见，交替学习的方法可以提高孩子的学习效率，让他更轻松地学习。因此，我们要提醒孩子，在安排每天的学习内容时，不要长时间学习某一门科目，也不要将相近的学习内容集中在一起，而是要文理科交替学习。

学习要符合大脑工作规律

孩子在学习时，大脑所主管的读、听、视、写等功能区都处于高度兴奋状态。但是，大脑的每个功能区都有一定的工作时间限度，超过限度就会使大脑疲劳，出现头昏脑涨等症状，影响学习效率。生理学家的研究表明：人的大脑左右各有分工，不同学科需要使用的大脑功能区是不同的，左半球侧重于逻辑与抽象思维，右半球侧重于形象思维。

因此，学习要符合大脑工作规律，可以让孩子交替学习文理科的课程，这样就能使大脑皮层的兴奋状态从一个功能区转到另一个功能区，从而缓解大脑疲劳。

教给孩子交替学习的方法

2006年，刘泽汀以内地考生第一名的优异成绩被香港科技大学录取，并获香港科技大学40万港币的全额奖学金。谈到自己的学习体会，刘泽汀是这样说的：

"在我学习的时候，如果时间超过30分钟，我不会集中精力只学某一门科目，我的书桌上一定是放着不同科目的书。如果学习时间是1个小时30分钟，我就会安排学习三四门科目，每门科目学习时间最多不会超过30分钟。

"我的实践证明，人的大脑接收某一类新信息时，前30分钟最兴奋、最活跃，学习效率最高，效果最好；超过30分钟便会开始下降，如果这时候继续学下去，效果就会大打折扣。然而，如果换一门新学科，大脑又会处于最活跃、最兴奋的状态……"

刘泽汀之所以能取得如此优异的成绩，正是因为他采用了交替学习的方法，这值得大家借鉴和学习。因此，在学习内容的安排上，一定要让孩子注意文理交替，比如，7:00-7:30学习语文，7:40-8:10学习数学，8:20-8:50学习英语。这样一来，孩子的大脑就会一直处于最活跃的状态，自然也会取得良好的学习效果。

引导孩子体会交替学习的好处

学习最重要的是效率，孩子采用交替学习的方法，就能够提高学习效率。而且，孩子在文理科交替学习的过程中，既可以避免前后学习内容相互干扰，又可以避免出现越学越无聊的情况。

如果长期坚持文理科交替学习,孩子各科的成绩会全面发展,齐头并进。而且,他不必考前突击,也不用只为考试而学习,他甚至不用想哪一天要考试,因为他天天都在"突击"学习。这样一来,孩子就真正做了学习的主人,而不是考试的奴隶。

第六章 你要做一下计划哦！——教孩子学会合理地利用时间

学习怎么没有进步呢？

—— 检查学习效果，适当调整计划

当孩子面对越来越繁重的学习任务时，制订学习计划是必不可少的。合理的学习计划有助于他合理安排学习任务、有效提高学习效率、最终实现学习目标。因此，孩子在我们或老师的指导下，在新学期大都会雄心勃勃地制订一份学习计划。孩子觉得，只要制订了学习计划，就大功告成了。

其实不然，并不是每个孩子的学习计划都能发挥重要的作用，有的孩子连一个星期都没坚持下来，计划就被束之高阁了。为什么会这样呢？其中一个很重要的原因，就是孩子在制订学习计划的时候，没有考虑到后面可能出现的各种各样的情况，当计划和现实情况发生冲突的时候，孩子就束手无策了，计划自然就变成了一纸空文。

为了避免上述情况的发生，我们做妈妈的需要提醒孩子，做好了学习计划不等于万事大吉了，还需要定期检查学习效果，寻找原因，并根据实际情况做出调整。

惠婷上5年级，还有1个月就要期末考试了，为了能够取得优异的成绩，她为自己制订了一份学习计划，每天的学习安排都很紧，除

孩子总是拖拖拉拉，妈妈怎么办？

了学习课本上的知识，她还安排了自己学习一些相关的课外知识。

惠婷觉得这是一个不错的学习计划，可以让自己的成绩得到提高。但是，惠婷执行计划1个星期后，不但没有取得良好的学习效果，反而把自己搞得很疲惫。

一天，妈妈对惠婷说："女儿，学习有计划是很重要的，计划执行了一段时间后，没有什么效果，那就需要找到原因，然后适当地调整一下。"

惠婷说："我觉得这个计划挺好的，只是我们老师已经开始有计划地进行复习了，而我的复习进度和老师的复习进度发生了冲突。"

妈妈说："你看，原因不是找到了吗？当你的复习进度和老师的复习进度发生冲突时，你是怎么做的？"

"那我只好两不耽误，白天按照老师的进度学习，晚上再按照自己的进度学习。"

"如果这样的话，两边都会花去很多精力，你就会感到疲劳，自然也不会取得好的学习效果。妈妈觉得，老师的安排可能更周到。你可以适当调整自己的计划，配合老师的安排，这样你的学习一定会事半功倍。"

"嗯，妈妈说得对，我应该根据老师的复习进度来调整自己的计划。"然后，惠婷按照妈妈的建议调整了自己的学习计划。最后，惠婷取得了优异的考试成绩。

从惠婷的经历中我们不难看出，只有学习计划还远远不够，在执行计划的时候，很可能会出现各种各样的问题。当妈妈发现惠婷的学习效果并不好时，及时帮助她找到了原因，并针对原因及时提出了有效可行的建议，才保证了她的学习计划得以实现，提高了学习效果，取得了优异的成绩。

因此，我们需要定期检查孩子学习计划的执行情况，找到原因，然后针对原因适当调整计划，可以及时帮助他纠正在制订计划时所犯的错误，保证计划得以实现，学习方法得以完善，学习效果得以提高。慢慢地，在我们的帮助和引导下，孩子就会养成自我检查的好习惯，从而使自己的学习更上一层楼。

帮助孩子定期检查计划的执行情况

孩子执行学习计划一段时间之后，我们就要帮助他检查一下计划执行的情况，学习效果如何，比如，孩子有没有按照计划执行？计划列出的具体学习任务是否完成？如果学习任务没有完成，是什么原因？什么地方安排得不合理？这段时间有没有遇到新的问题？有哪些新的内容需要重点掌握……然后，我们就要根据孩子的具体情况，引导他调整学习计划。

引导孩子及时调整学习计划

学习计划绝不是一成不变的，一开始的时候，我们就可以告诉孩子，学习计划执行一段时间，就要检查学习效果，如果学习效果不好，就应该找找原因，发现不合理的地方及时调整。调整计划的时候，一定不要盲目，要根据自己的执行情况、学习效果和实际情况，做出相应的调整。

比如，如果孩子还有一些重点内容需要掌握，那就要把这些内容列入计划中；如果孩子的学习任务没有完成，是因为时间安排得太紧，那就要适当调整学习的时间，保证学习任务按时完成；如果孩子的计划和老师的安排发生了冲突，那就要先把老师安排的学习任务保质保量地完成，在行有余力的情况下，再执行自己的计划……

不要让孩子随意变更学习计划

有时候，孩子在执行学习计划的时候，也会遇到一些特殊情况，比如，孩子生病了，身体非常疲倦，我们就应该让他适当休息一下，不要为了执行计划而强迫他去做。否则，孩子执行计划的效率也不会很高，还容易引起他的反感情绪。

但是，我们也要把握好一个度，不能把任何情况都看成是例外，随意变更计划，这样不利于他很好地执行计划，也不利于他养成良好的学习习惯。因此，一旦孩子确定了学习计划，就不要让他轻易改动。

这样的计划我完不成！

—— 计划一定要有可行性

有的孩子求学心切，在制订计划的时候，把所有的时间都滴水不漏地安排上了，希望打一场"持久战"。但是，当孩子真正执行的时候，计划好的事情却无法做到，于是他开始找借口："这样的计划我完不成！"这样一来，孩子就容易走向另一个极端，觉得计划起不到任何作用。

其实，之所以会出现这样的结果，是因为孩子在制订学习计划的时候，设定了一个"可望而不可即"的目标，没有考虑自己的实际情况，没有考虑这样的计划是否具有可行性。因此，我们做妈妈的应该给予孩子适当的指导，根据他的实际情况，帮助他制订切实可行的计划，确保计划可以得到有效的执行。

一份切实可行的学习计划，才能真正对孩子起到帮助作用，它会告诉孩子什么时候应该做什么，做这些事情对实现自己的学习目标有什么帮助。慢慢地，孩子的学习积极性和热情就会被激发出来了。

若云13岁了，小学升初中的考试成绩不太理想，没有考上重点初中。妈妈为了让若云接受好的教育，就想方设法把她调到了重点初中。但是，

孩子总是拖拖拉拉，妈妈怎么办？

重点初中的课业量很大，老师的授课也有很大难度，若云有些应付不过来，于是和妈妈说："我们的学习任务太重了，我根本就跟不上。"

妈妈说："别着急，我们一起制订一份学习计划，对你的学习会有很大帮助的。"

于是，母女俩一起，根据学校的教学进度和若云的实际情况，制订了详细的学习计划，把能利用的时间全部安排到了学习中。若云很努力，每天晚上都要学到 11:00 才能完成当天布置的学习任务。

若云学习的底子比较薄，想在短期内把成绩赶上来并不是那么简单的事情。一天，妈妈走进若云的房间，发现她趴在书桌上睡着了。妈妈这才意识到女儿的学习计划安排得太满了，使她几乎没有了休息、活动的自由时间。

第二天，妈妈对若云说："孩子，学习需要循序渐进，我们都不要想一口吃个大胖子，这不实际，妈妈觉得你最近学习时间安排得太紧，没有了活动的时间，我们还是重新调整一下学习计划，留出活动的时间，劳逸结合，这样才能真正提高学习效率。"

若云点了点头，然后就和妈妈一起对学习计划进行了一些调整，留出了她自由活动的时间，比如，午休 30 分钟；晚上学习 30 分钟就要起来活动一下，去阳台透透气；学习的时间要是再长一些，就要好好休息一下，做一些自己喜欢的事情……

这样一来，若云学得比以前轻松多了，可以一直保持良好的学习状态，学习兴趣也被激发出来了，学习效率也比以前提高了。

从若云的事例中我们可以看到，学习计划固然重要，但它的有效可行性更为重要。因此，当孩子觉得无法完成学习计划时，一定要停下来，反观计划是否真正适合自己，是否可行，如果不可行，就要根据实际情况适当调整。

帮助孩子进行自我分析

在制订学习计划之前，我们要多观察孩子的学习和生活习惯，可以找老师详细了解他的学习情况，然后帮助他进行自我分析，让他对自己有一个正确的认识和评估，比如，让他充分考虑自己的学习现状、思维习惯、接受能力、课堂表现，等等。然后，孩子就可以通过对自己的分析，制订有效可行的学习计划了。

计划要和孩子的学习内容相匹配

学习计划应该和孩子的学习内容相匹配，否则很难收到良好的学习效果。如果孩子今天的学习重点是数学，而学习计划却安排学英语，显然，这样的计划不切实际，没有可行性。因此，我们要引导孩子将计划和学习内容相结合，以保证计划能有效执行。

学习内容不同，相应的学习方法也应该有所不同。很多孩子觉得早晨更利于记忆，于是在制订计划时把背诵的内容安排在了早晨。但是，研究表明：当记忆的内容受到后一件事情的干扰时，很容易造成遗忘。临睡前的记忆效果最佳，因为入睡后就不会再输入任何信息，没有互相抑制的影响。所以，背诵最好安排在临睡前的这个时间段进行。

学习计划要与教学进度协调一致

我们在帮助孩子制订学习计划时，一定要参照学校的教学进度，与教学进度协调一致。如果孩子的学习计划与教学进度相差太远，那么孩子在学校的学习和自学便不能有效地结合起来，当然也无法取得良好的学习效果。因此，我们要指导孩子根据教学进度并针对自己的具体情况制订学习计划。

让孩子留有休息的自由时间

我们有的妈妈对孩子要求过高，把他的学习计划安排得很紧，除了吃饭和睡觉，就是学习，导致他几乎没有自由时间。其实，要求过高会导致孩子出现"望而却步"的心理障碍，即使他勉强去执行计划了，也很难取得理想的效果。

因此，我们在帮助孩子制订学习计划的时候，不要把计划安排得过满，一定要留出休息的自由时间，给他安排玩的时间。适当的放松，才能保证孩子有良好的学习状态，才能让他以充足的精力投入学习中。

你看人家的计划多好啊！

—— 计划一定要适合自己的孩子

我们有的妈妈经常对孩子说："你看看隔壁家的某某，一回到家就学习，从来不用家长催促，考试又得了前三名，你再看看你自己，怎么也不知道多向人家学习学习呢？"我们经常拿一些学习好的孩子作对比来教育自己的孩子，结果不但没有起到激励的作用，反而让自己的孩子产生了厌倦的心理，越来越不愿意学习。

我们都希望孩子学习好，只要看到别人家的孩子制订了学习计划，就会照搬过来，用到自己的孩子身上，结果使孩子丧失了学习的信心和积极性，学习计划也会半途而废。其实，别人的学习计划并不一定适合自己的孩子，我们应该指导他通过实践制订适合自己的学习计划，这样才能达到事半功倍的效果。

伟朝今年上5年级，妈妈为了让他取得更好的学习成绩，就要求他制订一份学习计划。但是，伟朝从来没有制订过学习计划，这下可让他发愁了，于是，他坦白向妈妈表明自己不会制订学习计划。

后来，妈妈通过朋友的关系，找到了和自己孩子同年级的学习尖子，拿到了这位尖子生的学习计划。

妈妈如获至宝,把这份学习计划摆在伟朝面前,说:"这可是一位尖子生的学习计划,你看人家的计划多好啊!现在我已经给你弄到了,你只要照着做就行了。"

然后,伟朝就把这份学习计划当成了自己的计划,并认真去做了。但是,伟朝执行了一段时间之后,学习积极性降低了,写作业拖拖拉拉,学习效果也不如以前了。妈妈很生气,斥责道:"有了人家的学习计划还不努力,你到底想怎么样啊?"

伟朝把学习计划放在妈妈面前,说:"你看,人家除了完成老师布置的学习任务,还会利用很多时间做课外提高题,可是我连老师上课的内容还不能完全掌握,又怎么会做这些提高题呢!"

听了伟朝的话,妈妈若有所思地说:"伟朝,妈妈错怪你了,每个孩子的学习情况都不相同,学习计划也应该各不相同。来,我们一起参照这份学习计划,重新再制订一份更适合你的计划。"

于是,在妈妈的指导和帮助下,伟朝根据自己的实际情况,制订了一份切实可行的学习计划。在这份计划中,伟朝把更多的时间放在了消化老师当天教授的内容上面,在行有余力的情况下,他才会做一些课外提高题。

由此可见,即使人家的学习计划制订得再好,也不见得适合自己的孩子,因为每个孩子都有自己独特的地方。因此,我们在帮助孩子制订学习计划的时候,一定要"量身定做",千万不要把人家的计划拿来完全套在自己孩子身上。只有孩子根据自己的实际情况尝试去做,摸索出适合自己的学习计划,才能真正起到提高学习效果的作用。

尊重孩子的想法和意愿

在家庭教育中,经常会出现这样的情况:我们以自己的好恶决定孩子的好恶，总是喜欢把自己的想法和意愿强加于孩子。而且，我们还认为自己这样做完全是为了孩子好。比如，我们觉得读理工科的人能成大器，于是从小就要求孩子多把精力投入理科的学习中，学习计划的安排也偏重理科，并强迫他利用课余时间看一些与理科相关的书籍。

虽然我们的想法是好的，但是做法却不可取。我们的想法和意愿只能供孩子参考，而不能强迫孩子接受。我们应该充分了解孩子的兴趣，并尊重他的想法和意愿。当然，让孩子制订学习计划，我们并非完全不予理会，而是应该站在指导的立场，帮助他制订真正适合自己的学习计划。

根据孩子的实际情况制订学习计划

孩子的学习计划一定要符合他的能力和特点，我们不能从自己的好恶出发，更不能照搬别的孩子的计划，而应根据孩子的学习水平、学习能力、专注力、优势和弱势等情况制订适合他的学习计划，只有这样，孩子才能取得良好的学习效果。

如果孩子在数学方面比较薄弱，那么在计划中就应该多安排一些时间在数学上，并有针对性地提出要求，比如，每天做5道计算题，做3道应用题，等等。

引导孩子虚心请教他人

别人的学习计划是适合别人的，在自己身上并不一定起效。因此，我们千万不要过度地让自己的孩子和别人的孩子比，更不能照搬别人的计划套在自己孩子身上。我们可以引导孩子多和同学交流，虚心请教同学，学习同学安排学习计划的方法和经验。

每个孩子都有自己特殊的情况，让他找到一条适合自己的道路，才能挖掘出他身上的特性和潜能。因此，我们需要提醒孩子，别人的学习计划只能起到一个参考的作用，应该根据自己的实际情况制订适合自己的学习计划。

我的计划有问题吗？

—— 制订学习计划必须注意的问题

对孩子而言，要想取得优异的学习成绩，就必须制订一份切实可行的学习计划。但是，在孩子执行学习计划的过程中，会出现各种各样的问题，甚至会导致学习计划的失败。因此，制订学习计划必须注意以下几个问题。

学习计划既要具体又要有针对性

有的孩子在制订学习计划的时候，常常会把一些又大又空的学习任务列出来，既笼统，又缺乏针对性，即便是照着这样的计划执行，也很难取得良好的效果。因此，我们做妈妈的在帮助孩子制订学习计划的时候，一定要注意计划既要具体又要有针对性。

在一份学习计划中，只有科目和时间是不够的，还要有具体的学习任务，我们要和孩子一起确定有哪些具体的学习任务，并把它们一一列出来，比如，英语有哪些单词、短语、句型，等等；然后计算一下孩子每天有多少时间可以用来学习，不同科目大概需要多少时间；最后再把这些学习任务具体分配到每一天、每一周中去。

学习计划一定要有针对性，一定要符合孩子的实际情况，要根据孩子的学习水平、接受能力等来合理安排他的学习内容。比如，我们和孩子一起把具体的学习任务列出来，再从中把重点和非重点的内容区分开来，把他的优势学科和弱势学科区分开来，让他多分配一些时间在重点和弱势学科上，这样的计划才更适合他。

学习计划要全面

每个孩子都应该德、智、体、美、劳全面发展，学习计划不仅限于文化课，其他方面的学习也应该列到计划之中。因此，我们在帮助孩子制订学习计划时，一定要注意引导他，除了安排文化课的学习时间，还要把培养道德情操、锻炼身体、家务劳动等时间安排到计划中。这样一来，孩子的学习才算是全面的，才算是符合素质教育的基本要求。

学习计划要有灵活性

一开学，孩子就会雄心勃勃地制订一份学习计划，什么时候需要做什么，都清楚地列在了计划中。但是，执行了一段时间之后，我们发现，孩子的学习效果并没有多大改观，再一看学习计划，还是和开学时一模一样。学习情况在不断变化，只用一份一成不变的学习计划，又怎能很好地安排他的学习呢？

很多孩子觉得，只要制订了学习计划，就万事大吉了，却没有考虑到后面可能出现的各种各样的问题。一份学习计划用很长时间，容易使计划流于形式，起不到引导、督促孩子学习的重要作用。因此，学习计划要有灵活性，当孩子执行了一段时间之后，就要检查一下计划的执行情况，如果计划执行的效果不好，就要寻找原因，并根据学习的实际情况和自身的执行情况做出相应的调整。

学习计划不宜过满

我们出于"望子成龙、望女成凤"的爱子之心，对孩子的要求过高，把他的学习计划安排得满满当当的。而且，有的妈妈觉得："一旦制订了学习计划，就必须要强力执行，即使你今天不舒服，或者没有什么学习任务要完成，坐也要坐到规定的时间。"

这样一来，孩子就会想：反正你让我每天晚上学到规定的时间，那我就听你的，你让我怎么做我就怎么做。于是，孩子渐渐地任由我们摆布，失去了学习的兴趣和积极性，每天消极地坐在书桌前，看上去像在学习，其实心早就不知道飞到哪里去了。孩子在这样的状况下，非但无法取得良好的学习效果，反而会影响他的身心健康。

因此，学习计划不宜过满，我们要根据孩子的实际情况和承受能力安排他每天的学习任务，还要正确处理好学习和休息的关系，给孩子留有自由支配的时间，让他做一些自己感兴趣的事情。只有这样，才能提高孩子的学习效率，起到事半功倍的效果。

合理安排常规和自由学习时间

有时候，孩子的学习计划出现问题，是由于他不懂得合理安排学习的时间。一般情况下，学习时间分为两种：一是常规学习时间，主要是完成老师布置的学习任务和消化当天所学的内容；二是自由学习时间，可以学习书本之外的知识。因此，我们就要根据孩子的具体情况，帮助他合理安排好这两种时间。

如果孩子已经把老师布置的学习任务和当天所学的内容掌握好了，那么就可以安排相应的时间让他学习课外知识。如果孩子的基础知识还没有掌握好，就应该把时间用在消化当天所学的内容上，在此基础上再去安排时间学习课外知识。

另外，我们还需要引导孩子注意时间安排上的弹性，让孩子在有效的时间内认真学习，该休息的时候就要彻底放松自己。当孩子学习了一段时间之后，我们就要督促他适当休息，注意劳逸结合。

我长大了要做

—— 帮孩子做好长期计划

长期计划是一个人动力的源泉，拥有了长期计划才会拥有更大的前进动力。毛泽东在读书时，就立下了"改造中国与世界"的宏愿；周恩来在少年时代，就立下了"为中华之崛起而读书"的远大志向。这些伟人正是立下了远大的目标，做好了长期计划，才取得了最终的辉煌成就。

因此，我们做妈妈的要让孩子学会为自己设定远大的目标，并做好长期计划，这样一来，他才会有努力的方向，并会朝着自己的目标不断前进。

兆茹今年14岁，学习成绩很好，是班级的学习委员，老师非常喜欢她，同学们也很羡慕她。也许是因为兆茹得到了太多的赞扬，渐渐地，她不再像以前那样努力学习了，学习成绩也不如以前那么理想了。

妈妈知道兆茹是因为学习成绩一直很好，产生了骄傲的心理。于是，妈妈问兆茹："女儿，你长大了要做什么？"兆茹想了想，说："我想当一名出色的律师，就像美国最负盛名的律师克莱伦斯·丹诺一样。"

妈妈耐心地说："如果你想成为一名出色的律师，那么现在就要做好准备，至少要考上重点高中、大学，才能选择律师专业，将来才有可能实现你的梦想。"

兆茹被妈妈的一番话点醒了，然后明确了自己的长期计划，就是当一名出色的律师，然后还确定了自己的短期计划，就是好好学习，考上重点高中。兆茹的学习状态又回到了从前，学习成绩也一直保持在班级前3名。

当兆茹因为骄傲而不认真学习时，妈妈没有批评、责怪她，而是巧妙地通过让她叙说自己的梦想，激发她努力奋斗的动力和积极性。兆茹在妈妈的引导和帮助下，不仅明确了自己的长期计划，还确定了自己的短期计划，为实现目标而不断奋斗。因此，我们要引导孩子树立自己的梦想，为了实现梦想而制订长期计划。

不要扼杀孩子的远大梦想

很多时候，当孩子兴奋地描绘着自己远大的梦想时，我们有的妈妈可能会说："别做白日梦了，根本就是不可能的事，你还是赶快去写作业吧！"结果，我们的一句话就扼杀了孩子萌发的梦想之苗。

孩子在接触新鲜事物时，自然而然就会萌发自己的梦想，这时候，我们应该肯定、呵护他的梦想，并让他去思考，为了实现自己的梦想需要做哪些准备。然后，我们要指导孩子为了实现梦想而制订一份长期计划。

当孩子说："我长大了要做一名科学家。"我们不妨这样说："你有这么远大的梦想，我支持你。孩子，你要当科学家，那现在应该做哪些准备呢？"这时，孩子可能会有很多他自己的想法，不见得他每个想法都是正确的，因此，我们要为他把关，让他的梦想之路可以走得更加顺畅。

引导孩子树立长期奋斗的目标

孩子的奋斗目标必须是他自己选择的，而不是我们一厢情愿地给他提出的。因为孩子对他自己树立的长期目标会作出积极的反应，会为之付出百分之百的努力。当然，我们也可以通过观察孩子的天性和兴趣，发现他的志向，然后与孩子一起树立他愿意为之奋斗的长期目标。

不管孩子的长期目标是什么，我们都应该鼓励他说出来，并指导他树立正确而有意义的目标。当然，并不是只有当文学家、科学家、地理学家之类的远大目标才有意义。其实，目标没有贵贱之分，只要孩子树立了自己的目标，就可以让他更加努力、勤奋，从而取得良好的效果。

帮助孩子做到"长计划，短安排"

当孩子树立了自己长期奋斗的目标后，我们就要指导他设立系统性的目标，帮助他制订长期计划。但是，长期计划与孩子的长期目标、梦想相结合，一般都比较笼统，孩子在执行的过程中，没有针对性，容易出现拖拉的现象。

因此，我们可以帮助孩子采取"长计划，短安排"的方法，也就是说，孩子要根据自己的长期计划，做一些短期的具体安排，制订一份具体的行动计划。如果孩子的长期计划是当科学家，我们就要指导他做一个短期的安排，比如，平日多积累科学知识，看一些相关方面的书籍，等等。

鼓励孩子向长期计划迈出第一步

俗话说："万事开头难。"有时候，孩子虽然做好了长期计划，但是往往是说得多而做得少。因此，我们要鼓励孩子勇敢地向长期计划迈出第一步，只有迈出了第一步，才算是真正的开始。在孩子为长期计划而奋斗的过程中，我们要及时对他的努力和进步给予肯定和表扬，从而增强他的信心。

第七章

我的时间我做主！
—— 提高孩子的时间利用率

很多妈妈都抱怨自己的孩子浪费了太多时间，很多孩子也抱怨自己的时间总是不够用，那么，到底是谁偷走了孩子的时间呢？究其根源，还是因为孩子没有时间观念，利用时间的效率太低。因此，我们首先要教孩子认识到合理利用时间的重要性。

每天我有 25 个小时啊！

—— 帮孩子建立起时间观念

时间就是生命，谁能拥有更多的时间，谁就能获得更多的知识。良好的时间观念，有助于孩子建立有规律的生活习惯，有助于他提高学习的效率。因此，我们做妈妈的要帮助孩子建立起时间观念，指导他利用所有能利用的时间去做有意义的事情。

著名物理学家李政道，1957 年获得世界最高物理学奖——诺贝尔奖。之后，人们纷纷向他请教成功之道。李政道思考了很久后，说了这样一句话："普通人每天有 24 个小时，而我每天有 25 个小时。"难道李政道真的比其他人"多"出 1 个小时吗？其实是因为李政道是一个非常擅长利用时间的人。

现实生活中，很多孩子没有时间观念，做事情拖拖拉拉，写作业磨磨蹭蹭，这些问题一直都困扰着很多妈妈。其实，只要我们根据孩子的情况，帮助他建立时间观念，教他合理利用时间，他也可以每天有 25 个小时。

佳音上 3 年级了，不管是做作业，还是做其他事情，她总能认真完成，但是，美中不足的就是做事太慢了，每天晚上的作业要写到 9:30 左右。

这样的情况还出现在了考试中，她由于做题很慢，经常答不完卷，

孩子总是拖拖拉拉，妈妈怎么办？

但凡是她做完的题目，基本都是正确的。虽然佳音答题的准确率很高，但是总得不到好成绩。因为时间不够用，最后的几道大题总是空着，而佳音却说："妈妈，其实这些题我都会做。"

为此，妈妈经常给佳音讲时间观念的重要性，做事磨蹭会带来什么不好的后果。而且，妈妈还开始训练佳音，让她有时间紧迫感，比如，佳音做事情的时候，妈妈会要求她一定要在规定的时间内完成。久而久之，佳音逐渐有了时间观念，做事的速度也逐渐提高了。

其实，佳音的问题就出在没有时间观念上，她总觉得："不急，慢慢来，只要做好就行了。"结果，她虽然做题很认真，也能做对，但是时间却花费了很多。慢慢地，通过妈妈的训练，佳音有了时间紧迫感，建立了时间观念，提高了做事的效率。因此，我们要注意培养孩子的时间观念。

培养孩子的时间意识

对于年龄较小的孩子来说，"时间"是一个非常抽象的概念，我们需要巧妙地培养他的时间意识。在平日里，我们要多把"时间"挂在嘴边，比如，早晨叫孩子起床，我们可以说："孩子，现在已经六点半了，快点起床吧！"送孩子到学校，我们可以说："现在已经七点半了，你们还有三十分钟就要上课了，妈妈下午四点五十分来接你放学。"

久而久之，孩子就会开始问："妈妈，现在几点了？"这就是潜移默化的作用，在我们的影响下，孩子自然而然就会建立起良好的时间意识。

让孩子在规定的时间内完成任务

无论孩子在做什么事情，我们千万不要说"时间不多了，快一点""到时间的时候，我就去叫你"等诸如此类的话，这会让孩子始终不能有良好的时间观念，而且还会让他产生依赖心理，不能合理地安排自己的时间。

因此，在孩子做事情之前，我们首先要估计出他尽最大能力可以完成某件事情的时间，然后规定他在这个时间内完成。比如，规定孩子在 15 分钟内要穿好衣服、整理好床铺，10 分钟内要洗漱完毕，30 分钟内要吃完早饭，等等。孩子在规定的时间内完成任务，我们要及时给予鼓励和表扬。

如果孩子在规定的时间内没有完成任务，我们就要相应地给予"处罚"。比如，我们规定孩子吃晚饭的时间是 5:30-6:30，看动画片的时间是 6:30-7:00，如果他因为磨蹭而没有在规定的时间内吃完饭，那么他吃饭拖延了多长时间，看动画片就要相应地减少多长时间。我们要让孩子有时间紧迫感，让他明白时间的不可逆性。

教孩子利用零碎的时间

东汉学者董遇好学不倦，他经常利用"三余"时间来学习。所谓三余，就是三种空闲时间，冬天没有多少农活，是一年中的空闲时间；夜间不便下地劳动，是一天中的空闲时间；雨天不便出门，也是一种空闲时间。

其实，在日常生活中，孩子可以利用很多零碎的时间。比如，上学或放学路上的时间、等车的时间、睡觉前的时间，等等。如果孩子善于利用这些零碎的时间，并把它们合理地安排到自己的学习中，一分钟一分钟的时间积少成多，就会变成一个惊人的数字，孩子可以从中得到更多的收获。

著名数学家华罗庚曾经说："时间是由分秒积成的，善于利用零星时间的人，才会做出更大的成绩来。"因此，我们要教孩子学会利用零碎时间，比如，孩子等车的时候，可以背诵课文、公式、单词；孩子放学回家的时候，可以观察事物，思考问题；孩子晚上睡觉前，可以回忆当天学习的内容和知识，等等。

孩子总是拖拖拉拉，妈妈怎么办？

你的时间，浪费太多了！

—— 孩子利用时间的效率太低

在家庭教育中，我们很多妈妈都有这样的困惑：孩子每天忙忙碌碌，除了学习还是学习，表面上看非常用功，但是成绩却总也上不去。为什么？这个问题一直困扰着我们，让我们百思不得其解，问题到底出在了哪里呢？

其实，导致孩子成绩不理想的因素有很多，其中一个很重要的因素，就是学习效率太低。而导致孩子学习效率低下的原因也有很多，其中一个很重要的原因是孩子利用时间的效率太差，也就是不会利用时间。

李洋13岁了，还有几个月就要参加小学升初中的考试，他的成绩在班里处于中上游的水平，正好处于重点初中录取线的边缘地带。所以，李洋每天刻苦学习，他早晨起得很早，然后开始晨读，晚上吃过饭后就把自己关在书房里，一学就学到11:00。

但是，在学校组织的第二次摸底考试中，李洋的成绩不但没有提高，反而下降了。妈妈非常着急，不明白这是为什么。于是，妈妈决定利用几个晚上的时间，亲自观察一下李洋学习的情况。

很快，妈妈就发现了问题的症结所在。原来，李洋每天晚上都要学习语文、数学、英语三门课程，但是，他的随意性太强，想看哪本书就看哪本书。有时候，李洋拿起数学书做几道练习题，如果遇到难题，不知道怎么解答了，他就会放下数学书，拿起语文书，如果觉得语文书太枯燥了，他就会又换成英语书……好像每一科都看了一些，其实都只是略知一二，实际的收获却非常少。

针对李洋的情况，妈妈神秘地说："儿子，妈妈想到了提高你学习成绩的好办法。"

李洋高兴而又惊讶地问："什么好办法啊？"

妈妈耐心地说："就是每天晚上安排一下自己学习的功课，比如，今天要看哪门功课，看哪些内容，大约看多长时间，等等。有这样一个大概的时间安排，你就会有进步。"

李洋疑惑地说："真的吗？那我试一试吧！"

于是，李洋按照妈妈说的做了。几个星期后，在学校组织的第三次摸底考试中，李洋的成绩果然提高了，学习也不像以前那么累了，学习效率也有了明显的提高。

虽然李洋每天刻苦学习，但是没有收到好的学习效果，有教育敏感度的妈妈通过细心观察，找到了原因，并针对这个原因，帮助李洋提高了学习成绩。

可见，学习的效果与学习的时间长短并没有必然的联系，并不是说学习时间长，学习的效果就一定好，学习的成绩就一定会提高，关键在于孩子是否懂得合理利用时间。

对于孩子而言，时间是非常宝贵的，但是他还不具备合理利用时间的能力。因此，我们必须帮助他充分利用有限的时间，指导他学会管理时间，这样才能提高他的学习效率。

教孩子提前安排每天的学习

有的孩子在学习中会出现和李洋同样的问题，学习随意性太强，缺乏计划性，做事拖拖拉拉。这时，我们可以像李洋的妈妈学习，教孩子提前安排每天的学习，也就是合理安排每天学习的时间；学习一定要有目的性，不要东一榔头西一棒子。

孩子每天晚上学习之前，我们可以引导他想一想，今天晚上要学习哪几门功课？先学什么，后学什么？学习这几门功课的哪些具体内容？每门功课的学习大约需要多少时间？这样有了一个大致的时间安排，就可以鞭策孩子尽量按照进度学习。

另外，孩子每天学习结束之后，我们也要引导他想一下，今天的完成情况怎么样？有没有完成预计的学习任务？如果没有，是什么原因，又该如何去改进？这样一来，孩子就懂得每天检查自己的学习情况，找到不足，及时改正。

让孩子有针对性地学习

一个真正懂得利用时间的人，是不会把所有东西都往脑子里硬塞的。孩子每天学习的时间是有限的，精力也是有限的，然而，面对无限的学习内容，我们就需要让他有针对性地学习。也就是说，不要不分轻重地给所有科目分配同样的时间。

在学习上，孩子必须分清主次，合理地分配自己的时间，用有限的精力帮助自己取得尽可能高的学习效率。对于自己掌握得好的科目，可以少安排一些时间，把更多的时间放在自己比较弱的科目上。这样的学习会更有针对性，时间利用的效率就会提高。

为孩子排除外界的干扰

有的孩子学习时不够专注，房间外面有什么动静，他都会竖起耳朵听半天，看看有什么事情发生。等到他回过神来学习，还需要回想刚才学到哪儿了，刚才的思路到哪里了，这样不仅会浪费很多时间，而且还会降低学习效率。

因此，在孩子学习的时候，我们一定要给孩子营造一个良好的学习环境，尽量不看电视，不闲聊，而是安静地陪他一起看看书，或是安静地做自己的事情。这样一来，孩子就能够专心学习了。

而且，处在学习氛围浓厚的家庭环境中，孩子的学习兴趣也会被激发出来，时间利用的效率就会提高。比如，原来1个小时才能做完的事情，现在30分钟甚至20分钟就能完成了。

学习、玩耍两不耽误！

—— 劳逸结合，学习效果才最佳

我们看到"学习、玩耍两不耽误"这个标题的时候，可能会有疑惑，这真的能做到吗？在生活中，我们很多妈妈经常是看到孩子在玩，就很不高兴，觉得他是在浪费学习的时间，于是赶紧叫他回去学习，并希望他学习的时间越长越好。我们不仅要孩子完成老师布置的学习任务，而且要让他上一些培训班、特长班。

结果又是怎样呢？我们整天把孩子关在书房里，他看似坐在书桌前"认真"学习，其实头脑昏昏沉沉，学习拖拖拉拉，学习的效果很差。因为，从生物学角度讲，如果孩子长时间读书、写字、思考问题，就会感到头昏、头脑不灵活，这是脑神经过度紧张而引发的症状。

而且，当孩子感到非常疲劳的时候，他会出现急躁、厌烦、忧虑等心理问题，甚至还会引起厌学情绪。毫无疑问，这不仅降低了孩子的学习效果，还有害于他的身心健康。

可见，我们要求孩子整天学习，并未收到好的效果，反而影响了他的成长和发展。因此，在孩子学习了一段时间后，我们应该引导他进行一些有益的活动，让他从紧张的情绪中放松下来，恢复到轻松、愉悦的状态，然后再回到学习中，这样就会收到事半功倍的效果。

第七章 我的时间我做主！——提高孩子的时间利用率

薇薇今年上6年级，是个听话乖巧、学习用功的女孩，爸爸妈妈对她都寄予了厚望。薇薇为了能顺利考入理想的重点初中，自觉延长了学习的时间，把一切能利用的时间都用在了复习功课上。

但是，在一次班级组织的考试中，薇薇却出现了状况，答题的时候，她突然感到头昏脑涨，脑子里一片空白，平时会的题目也做不出来了……最后的考试结果自然也惨不忍睹。

这一次，薇薇受到了沉重的打击。妈妈经过仔细思考和分析，找到了薇薇的症结所在。于是，妈妈开始改变薇薇学习时间的安排，让她留出足够的休息时间。比如，薇薇学习了一段时间之后，妈妈就会让她休息一下，有时让她在屋里做一些简单的运动，有时带她出去呼吸一下新鲜空气，等等。就这样，在妈妈的帮助下，薇薇不再像以前那样感到学习疲劳了，而能够在轻松的状态下学习。

几个星期后的一次考试，薇薇的成绩有了明显提高。最终，她顺利考入了理想的重点初中。

从薇薇的事例中，我们可以看到，学习和玩耍并不矛盾，懂得劳逸结合，反而可以提高学习效果。由此可见，一个不懂得劳逸结合的孩子，是不能合理安排学习的时间的，即使努力了半天，到头来虽然疲惫不堪，但学习上却很可能没有什么收获；而一个懂得劳逸结合的孩子，会让自己的身体保持在最佳状态，因为他知道只有这样才能有足够的精力去学习。

孩子理应以学习为主，但我们也不应该忽视他爱玩的天性。因此，我们要改变观念，要认识到劳逸结合对学习的重要性，帮助孩子学会正确地学习和合理地休息，真正做到劳逸结合。

引导孩子把"黄金时间"用在学习上

最好的时间应该用来学习，休息的时间不能算是浪费，但是，如果孩子在最佳学习时间段里休息，这就不能不说是一种浪费了。我们想让孩子高效学习，就要让他充分利用好每天的最佳学习时间段——

黄金时间。

据生理学家研究表明，一天之内有 4 个学习的黄金时间，第一个黄金时间是清晨起床后，第二个黄金时间是上午 8:00-10:00，第三个黄金时间是下午 6:00-8:00，第四个黄金时间是入睡前 1 小时。如果孩子懂得把"黄金时间"用在学习上，就可以轻松自如地掌握、消化和巩固知识，提高学习效率。

当然，对于不同的孩子来说，还有自己独特的学习时间规律和习惯。因此，我们要引导孩子充分利用好自己独特的"黄金时间"，养成在固定时间学习的好习惯。

帮助孩子学会有规律的休息

一般认为，孩子每次看书学习的时间应该在 40 分钟左右。当孩子学习了一段时间之后，我们就要提醒他休息一下。当孩子学会了有规律的休息，就可以消除他大脑和身体的疲劳，恢复良好的记忆力，从而提高学习效率。

休息的方式有很多，可以站起来活动一下身体，做一会儿眼保健操，向远处眺望一会儿，闭上眼睛休息一下，也可以出去走走，呼吸一下新鲜空气，和他人聊聊天，做一些简单的体育活动等。

指导孩子真正做到劳逸结合

当孩子学习了一段时间之后，我们需要提醒他适度休息，当他的身心得到了彻底放松后，就要继续投入学习中去。如果休息起来没完没了，劳逸结合的"劳"就被"逸"掩盖了，这样便失去了其中的意义。

另外还有一种情况，虽然有的孩子注意了劳逸结合，但是休息的方式却是不健康的。比如，有的孩子会一直看电视，有的孩子会上网玩游戏等。这些所谓的"休息方式"，并不能使孩子得到真正的休息。这时候，我们就需要帮助孩子找到正确的休息方式，让他学会适度休息，真正做到劳逸结合。

他老是自由散漫，管不住自己！
—— 提升孩子的自律性

　　自律，是指在没有人现场监督的情况下，通过自己要求自己，变被动为主动，自觉地遵循法度，拿它来约束自己的一言一行。

　　英国著名作家塞缪尔·斯迈尔斯曾经说："自律自制是品格的精髓，美德的基础。"苏联著名作家高尔基说过："哪怕对自己一点小的克制，都会使人变得强而有力。"可见，自律对一个人来说是非常重要的。

　　对孩子来说，自律能力的发展，直接影响他的学习、生活、人际交往以及良好人格品质的形成。在孩子成长的过程中，他会遇到来自各方面的诱惑，如果没有良好的自律心态，他便会被诱惑牵着鼻子走，从而让自己离成功的目标越来越远。

　　如果孩子总是在一种被要求的环境下学习和生活，他就很难取得进步、得到真正的成长。因此，我们应该引导孩子变被动为主动，学会自己约束自己，自己要求自己，自觉地遵守规矩。

　　晓波今年10岁了，由于妈妈上班很忙，对他的教育有些疏忽，不管他做什么，妈妈基本不管不问。渐渐地，晓波开始变得我行我素，不管是谁说的话，他都不放在心上。

孩子总是拖拖拉拉，妈妈怎么办？

晓波在学校也是如此，上课不认真听讲，小动作特别多，不是乱动书本就是用笔在纸上乱画，有时还和同桌说几句话，老师严厉地批评他，他也只能老实几分钟，一会儿就又管不住自己了。

于是，妈妈开始加强对晓波的管教，并一起制订了一份"自律计划"，把他平时的散漫行为，都以明确的方式写在纸上，比如在家写作业拖拖拉拉，上课乱动书本，上课随便说话等，以此来告诉他，这些行为都是妈妈不喜欢的，也是不对的，并让他严格要求自己在一定时间内改掉这些不好的行为。

妈妈每天晚上都要检查晓波当天执行"自律计划"的情况，如果他做得好，妈妈就给予肯定和表扬；如果他做得不好，妈妈就给予鼓励。

就这样，在妈妈的帮助和引导下，晓波有了明显的变化，虽然有时还会出现自由散漫、管不住自己的情况，但是他已经能认识到自己的行为是不对的，并开始有意识地控制自己不好的行为了。

可见，晓波之所以会"管不住自己"，是因为平日妈妈对他缺乏严格管教，缺乏对他进行有效的训练。当妈妈认识到这一点后，她采用了制订"自律计划"的方法，让晓波知道了哪些行为是不对的，并下决心改正，当有了一些进步时，妈妈也及时给予了表扬和鼓励，最终晓波有了明显的进步。

其实，在孩子小的时候，我们做妈妈的就应该培养他的自我控制能力，提升他的自律性。

与孩子一起制订约束的规则

古人常说："没有规矩，不成方圆。"我们要想提高孩子的自律性，就要让他了解哪些事情可以做，哪些事情不可以做。一个具有较强规则意识的孩子，也一定会有较好的行为习惯，这样他才能得到他人的认可和尊重，才能保证将来在社会中有立足之地。

因此，我们可以和孩子一起制订约束的规则，让他学有所循，行有所依，这样他才能很好地控制自己的行为，才能在生活中以规则为行为准绳。对于孩子的学习，我们可以制订约束的规则，比如孩子回家要先写作业，写作业的时候不可以做其他事情，书桌上不准放与学习无关的东西，写完作业要认真检查，自己收拾书包等。

无论孩子是遵守了制订的规则，还是违反了制订的规则，我们都要有不同的表现方式。通过我们的表情、语言、动作，孩子就会明白怎样做才是正确的，慢慢地，他就会坚持遵守规则，自控能力也会逐渐提高。

通过游戏训练孩子做到自律

孩子天性爱玩，游戏是他最喜欢的活动，而且游戏本身都具有一定的规则性，遵守游戏规则是参与者的基本条件。如果我们经常和孩子玩游戏，就可以让他懂得游戏的规则，并且遵守规则，学会控制自己的行为，进而提升自律性。

教给孩子自我控制的方法

一般情况下，孩子在行动前，很少考虑行为的后果。孩子经常以自我为中心，只根据自己的意愿行动，很少考虑他人的感受。因此，为了提升孩子的自律性，我们应该教给他自我控制的方法，让他学会"三思而后行"，先想一想这样做会有什么样的后果，会不会给自己和他人带来不好的影响。

比如，有的孩子上课管不住自己，经常做小动作，时不时说几句话，针对这种情况，我们就可以引导孩子，让他想一想这样做会有什么样的后果，会不会带给自己和他人不好的影响。当孩子认识到这样做是不对的，会打扰老师的上课，会影响自己的学习，还会影响周围同学的学习时，他自然就会有意识地控制自己。渐渐地，孩子的自我控制能力就会越来越强，就能管住自己认真上课了。

没意思，我不玩了！

—— 教孩子分解复杂的任务

在生活中，孩子玩游戏的时候，经常是玩着玩着觉得没意思，就不玩了；孩子写作业的时候，经常是写着写着觉得题太难了，就不想做了。当孩子面对复杂的任务时，他就认定那是一件"不可能完成的任务"，当然也就不会付出努力去完成。

面对这样的问题，我们做妈妈的应该怎么办呢？我们有的妈妈觉得，这是因为孩子缺乏耐心和毅力，于是就专门培养他的耐心和毅力。当然，这是一种正确的教育方法。其实，还有一种更实用、更有效的方法——让孩子学会分解复杂的任务。也就是说，将一件复杂的任务分解成若干件小的任务，然后分别完成，直到全部完成为止。

7岁的鑫鑫是个缺乏耐心的孩子，妈妈为了培养他的耐心，可是费了不少劲。一天，妈妈给鑫鑫买了一堆积木，对他说："这些积木可以搭很多漂亮的东西，比如房子、动物、汽车等。现在你就用这些积木搭一座房子吧！"

鑫鑫很喜欢玩游戏，于是就高兴地动手去做了。但是用一大堆积木搭一座房子，并不是一件简单的事情。鑫鑫玩了30分钟左右，也没搭出房子的样子，于是就失去了兴趣，对妈妈说："没意思，我不玩了。"

妈妈说："这样吧，妈妈和你一起来，我们一起搭一座属于自己的房子。但是，在搭房子之前，我们需要想一下，搭房子先需要做什么，然后需要做什么。"

"当然是先要搭地基了。"鑫鑫回答道。

妈妈高兴地说："没错，儿子。那我们就一起搭地基吧！"

几分钟后，房子的地基搭好了，妈妈继续问道："儿子，那下面我们需要做什么？"

鑫鑫有点迟疑地说："我觉得应该是搭墙壁吧？"

"对极了！"

几分钟后，房子的墙壁也搭好了，妈妈又问鑫鑫："最后需要做什么呢？"

鑫鑫笑着说："当然是房顶了，不搭房顶，如果下雨就会漏雨了，那我们可就惨了。"

妈妈接着鑫鑫的话，继续说："那我们就赶在下雨之前把房顶搭好吧！"

于是，母子俩又开始搭起房顶，很快，一座漂亮的房子搭好了。妈妈兴奋地说："儿子，怎么样？多漂亮的房子啊，这可是你认真搭好的，妈妈真替你高兴。"

鑫鑫都不敢相信这是自己动手搭好的，有些疑惑地问："妈妈，我觉得这是一件很复杂的事情，我们是怎么做成的呢？"

妈妈耐心地说："儿子，把一件复杂的事情分解成几个简单的部分，然后再一步一步去做，就不会觉得它有多么难了！"

鑫鑫若有所思地点点头。

当把复杂的任务分解成几个简单的部分，然后再按步骤去做，可以缓解孩子的焦躁情绪，使他更有耐心，更有信心，并一步一个脚印地完成任务。可见，这是孩子需要培养的一项重要能力。所以，我们

孩子总是拖拖拉拉，妈妈怎么办？

应该教孩子学会分解任务，将复杂的问题简单化。

帮助孩子将复杂的事情分解一下

在生活中，很多孩子喜欢依赖他人，什么事情都要靠他人的帮助，一旦让他自己去做，他就会畏首畏尾，觉得事情太难了，自己根本不能把事情做好。这时候，我们做妈妈的不能只是帮助孩子去做事情，而是要帮助他将复杂的事情分解成若干个小的、容易完成的事情，并逐一引导他去完成。

比如，孩子要学习骑自行车，我们就可以帮助他把学习骑自行车分解成3个步骤，第一步让孩子学习推自行车，第二步让孩子学习单脚滑行，第三步让孩子学习上车练习。这样一步一步地学习，加上反复练习，最后就能很快地学会骑自行车。

孩子的学习同样需要"分解"

笑笑今年上4年级，数学一直是她的弱项，只要遇到综合应用题，她就会请求妈妈示范性地演示，但是一到自己就又不会了。于是，妈妈想了一个办法，对笑笑说："我们一起来做一道题，我先做一步，然后你再做一步，怎么样？"笑笑想了想，点头答应了。

就这样，母女俩一人一步，一会儿就把一道应用题解答完了。笑笑觉得，把整个应用题分解成按步骤运算以后，看起来容易多了。于是，笑笑开始自己尝试用这样的方法做题。

面对孩子学习的问题，我们同样可以教他学会分解。我们帮助孩子把某些复杂的学习任务分解成若干个小任务，让他从难度较低的小任务开始入手，一步一步认真去做，最终一定可以完成复杂的学习任务。

树立孩子解决复杂任务的自信心

当孩子面对一件很复杂的任务时,他就容易产生一种畏惧心理,觉得自己没办法完成。这时候,我们要对孩子说:"孩子,妈妈相信你!"然后,我们再帮助他把复杂的任务分解成若干个小步骤,使他对每一个小步骤感觉不到吃力。在孩子完成任务的过程中,我们要及时给予鼓励,让他有动力,并相信自己能够独立完成。

一步一个小成功,一个个小成功又会堆积成大成功,孩子不仅把事情做好了,而且还增强了自信心。对孩子来说,以前那些看起来无法解决的事情,现在只是一个个小小的挑战而已。当孩子再次面对复杂的任务时,他也不再像以前那样感到畏惧,而是开始尝试一步一步地去完成。

孩子总是拖拖拉拉，妈妈怎么办？

我只要坐在书桌前就好了！

—— 避免孩子"磨洋工"

我们做妈妈的都希望自己的孩子能够获得比其他孩子更多的知识，希望他比其他孩子学得更优秀，于是就减少他休息或玩耍的时间，巴不得他每天都坐在书桌前学习。只要看到孩子在玩，我们就觉得他是在浪费学习时间，就赶紧让他回来学习。更有甚者，即使是在孩子休息或玩耍的时候，也会不停地向他灌输有关学习的知识。

久而久之，孩子就会觉得："我只要坐在书桌前就好了，不管我是不是在认真学习，妈妈都不会唠叨我了。"这样孩子每天都坐在书桌前，一学就是好几个小时，装出一副努力学习的样子，其实大部分时间都在"磨洋工"，只是出工不出力，学习拖拖拉拉，时间全被浪费掉了，导致孩子更不懂得合理利用时间。

博超今年上小学4年级，在小学阶段，4年级是个分水岭，是很关键的一个时期。妈妈为了让博超把握好这一关键时期，提高他的学习成绩，为他制订了学习时间表：早晨6:00起床，复习40分钟的英语，晚上吃过晚饭写作业，写完作业再复习1个小时的功课，然后预习30分钟的功课，晚上10:00睡觉。

妈妈原本以为，博超只要照着做，对他的学习就会有很大的帮助，成绩就可以得到提高。但是，1个月之后，妈妈发现了另一个问题。博超在她面前很认真，学习任务也能完成得很好，但是不在她面前，却经常是到晚上10:00了也完不成作业，只好早晨起来补，这样一来，早晨复习英语的计划也就被打乱了。

经过几天的细心观察，妈妈发现了问题的症结所在，博超虽然坐在书桌前，但是一直"闲不住"，一会儿挠挠头，一会儿动动椅子，一会儿站起来玩一下，写作业拖拖拉拉，根本没有合理利用自己的学习时间。

于是，妈妈调整了博超的学习时间表，让他有休息和玩耍的时间。因为博超很喜欢玩象棋，妈妈还专门安排了一段"玩象棋"的时间。这样一来，博超的精力集中了，学习兴趣更大了，效率也提高了很多。

可见，妈妈单方面要求博超学习，并给他安排密集的学习任务，并没有取得良好的效果，反而让他出现了"磨洋工"的现象。相反，妈妈调整了博超的学习时间表，并给他安排了喜欢的活动，最终让他的学习达到了事半功倍的效果。因此，我们需要针对孩子的情况，及时找出他"磨洋工"的原因，寻找调整、改进的方法，让他轻松而愉悦地学习。

孩子"磨洋工"的现象，不仅会在学习中表现出来，还会反映在生活的各个方面，比如穿衣、洗漱、吃饭、收拾书包，等等。如果我们不能很好地避免孩子"磨洋工"，他不仅没有良好的学习习惯，也将没有良好的生活习惯。

那么，我们应该如何避免孩子出现"磨洋工"的现象呢？

培养孩子良好的写作业习惯

作业是学习中非常重要的一个环节，它能从侧面及时、准确地反映孩子的学习情况。孩子在写作业时是否认真，是否会出现"磨洋工"

的现象，将会在很大程度上决定他学习效率的高低。因此，我们需要培养孩子养成良好的写作业习惯。

首先，我们要给孩子营造一个安静的学习氛围，让他能静下心来写作业。然后，我们要教给孩子写作业时需要注意的细节，避免产生拖拉的现象。比如，孩子在写作业之前要做好准备，喝水、上卫生间，把作业记录本、写作业用的书本和文具放在书桌上；写作业的时候，没有特殊情况不许离开座位，不许做与学习无关的事情；每做完一门功课，都要自己检查一遍，然后在作业记录本上勾掉相应的一项……

要求孩子在规定的时间内完成任务

有时候，孩子做事拖拖拉拉，我们经常不厌其烦地提醒他，却没有收到好的效果。其实，我们可以采取另一种方法，就是要求孩子在规定时间内完成任务。我们先要估计出孩子完成某项任务的时间，然后要求他在这个时间内完成，时间一到就要立刻停止，不能再继续下去。这样一来，孩子就有紧迫感，就不会磨磨蹭蹭了。

不要让"包办"成为孩子"磨洋工"的借口

有的妈妈觉得孩子太小，看到孩子做事太慢，就动手帮助他，结果，他反倒因为有了依靠而不会主动提高做事的速度。孩子明白，不管遇到什么事情，妈妈都会过来帮忙，自己慢点也没有关系。所以，我们对孩子的"包办"往往会成为他"磨洋工"的借口。

因此，我们要正视孩子的能力，鼓励他做一些自己力所能及的事情，哪怕他一开始做得不好，我们也要肯定他，进而指导他怎样把事情做好。当我们不再替孩子包办并不断肯定他的行为时，他的动手能力就会得到提升。

第八章

让孩子成为爱学习的天使！
—— 彻底解决孩子在学习中的拖拉问题

似乎多数孩子都不爱写作业，考前都会觉得很有压力。让他写作业，他总是拖拖拉拉，直到不得不写了才去写，到了考场就感到紧张。他为什么如此排斥写作业和考试？有没有办法让孩子喜欢写作业，爱上考试呢？

第八章 让孩子成为爱学习的天使！——彻底解决孩子在学习中的拖拉问题

我真不想做作业！

—— 弄清孩子不爱写作业的原因

　　老师在每天讲课之后都会留一些家庭作业，家庭作业不仅能帮助孩子复习一天所学的知识，而且能培养孩子独立学习的能力。通过批改孩子的作业，老师可以了解孩子对课堂内容的掌握情况。所以说，写家庭作业是十分重要的。但是有些孩子就是不爱写作业，每天放学回家，总是放下书包就出去玩，或者是坐在电视机前拿着遥控器不放手，作业是能拖就拖，直到不得不写时，他才不情愿地坐到书桌旁。即便是如此，他写作业的时候也不专心，而是边写边玩，如果我们不督促他一下，他就很难安心把作业写完。

　　也有些孩子根本就不写作业，到了交作业的时候，老师发现他的作业本是空白的。于是，就会打电话告诉家长："您的孩子怎么总是不写家庭作业？"这个问题让我们感到十分头痛，有些人甚至会因此而打骂孩子。久而久之，孩子就会为了逃避写作业而撒谎，甚至因此而产生厌学情绪，连学校也不愿意去。

　　刘硕每天放学回到家，把书包往沙发上一丢就开始看电视。妈妈觉得儿子学习了一天，看看电视换换脑子也不错，就让他看。吃过晚饭，妈妈让刘硕去写作业，刘硕满脸的不情愿，刚坐到书房没多久，他就

孩子总是拖拖拉拉，妈妈怎么办？

说写完了，然后又去看电视了。

妈妈问："儿子，你的作业写完了？""嗯，写完了。"刘硕盯着电视说。"怎么写得这么快？"妈妈说。"在自习课上已经写了一部分了，所以剩得不多。"刘硕说。第二天，刘硕回到家又开始看电视，吃过饭妈妈又催促他去写作业，刘硕急急忙忙写完作业又继续看电视去了。

过了几天，老师打来电话让妈妈到学校去一趟。老师说刘硕最近常常完不成作业，即使完成了也是错题很多，明显没有专心写。

孩子为什么不专心写作业？难道仅仅是因为贪玩吗？其实，孩子不爱写作业有很多原因，并非只是因为他爱玩。

不爱写作业是因为他没有听懂老师课堂上讲的内容

有的孩子学习很认真，但是他有时也不喜欢写作业，这是为什么呢？这是因为他在上课的时候没有听懂老师所讲的内容。老师布置的作业常常是针对性很强的，所以孩子如果没有理解当天所学的知识，写起作业来就会感到吃力。因此，他写作业就不积极。

当孩子不爱写作业的时候，我们就要问问他，是不是当天老师所讲的知识他没有理解。如果是这样，那么是哪些内容他不理解，针对这些情况我们可以有针对性地给他补补课。然后，要让孩子在课前多做一下预习，预习功课可以让孩子在听课的时候抓住重点、难点、疑点，有效提高课堂学习效率，有助于他理解和吸收新知识。这样，他再写作业的时候就不会被难住了。

孩子不懂得写作业的重要性

有个9岁的男孩不爱写作业，妈妈问他为什么不写作业，他说老师讲的内容他已经听明白了，不用写作业了。妈妈说："即使是已经学会了，也要写作业。写作业是对课堂知识的复习和巩固，如果不写作业，老师就不知道你学得怎么样了。""哦，原来是这样。那好吧，我以后写作业。"

有些年龄小的孩子会觉得写作业很多余，课堂上已经学了，为什么回到家还要再写一遍呢？我们把写作业的重要性讲给他听，他才会对作业加以重视。

孩子不写作业是因为没有耐心

现在的孩子多是独生子女，从小就在家长的呵护下长大，无论想要什么家长都会尽量满足他。所以，他的耐心就会变得非常差，写作业是件需要耐心的事情，没有耐心的孩子就不愿意去写。或者，即使写，他也会写得马马虎虎、字迹潦草。在他看来，写作业既枯燥又无聊，坐在书桌前伤脑筋，还不如出去玩呢。

遇到这种情况，我们应该在生活中注意培养孩子的耐心和吃苦精神，锻炼他的耐力。比如，带孩子每天早晨去长跑，鼓励他每天晚上做仰卧起坐等，都可以培养孩子的耐力。孩子一旦有了耐力，就不再那么怕写作业了。

不写作业是因为孩子对某一学科不感兴趣

有时，我们会发现孩子喜欢写语文作业，但是不爱写数学作业，或者与之相反。孩子不爱写某一学科的作业，可能是因为他不喜欢这一学科，所以连这一学科的作业也不想写。

每天晶晶回家都会打开语文作业开始写，写完之后就吃饭然后看会儿电视，最后才写数学作业。妈妈发现晶晶写数学作业的时候总是皱着眉头，而晶晶的数学作业本上也常常有老师画的叉号。

"晶晶，你不喜欢学数学吗？"妈妈问。"嗯，数学太难了。"晶晶说。后来，妈妈在一本书上得知女孩在幼年时逻辑思维会稍微差一些，所以她可能会不擅长学习数学。于是，妈妈想出了一些更为有趣的教学方法，特地给女儿补习数学。慢慢地晶晶开始对数学感兴趣，并开始喜欢写数学作业了。

　　针对孩子对某一学科不感兴趣，而不愿意写作业的情况，我们应该想办法激发他对这一学科的兴趣，让他愿意学习这一学科。这样，孩子不愿意写作业的问题也就会迎刃而解了。

第八章　让孩子成为爱学习的天使！——彻底解决孩子在学习中的拖拉问题

跪求作业答案！
—— 如何应对孩子写作业偷懒的问题？

有的孩子很贪玩，不爱学习，学习一会儿就喊累，写作业更是不情愿，一会儿走神，一会儿看看窗外，一会儿抓抓头皮，半天也没有做完几道题。但是，作业总归是要交的，于是只好借同学的作业来抄，这样就不用动脑筋了。久而久之，孩子写作业不但没有起到巩固课堂知识的作用，还养成了抄袭作业的坏习惯。

另外，寒暑假是孩子最期盼的假期，放假后孩子就可以尽情玩乐了，但是寒暑假他还有一个重要任务，那就是写作业。老师布置寒暑期作业就是为了让孩子在放假期间也不要忘记学习，但是许多孩子却利用网络的便利偷起懒来。

开学不久，妈妈就接到老师打来的电话，说铭铭的暑假作业不是他自己写的，问家长有没有代写。代写？妈妈心想：我怎么可能帮儿子写作业呢？回到家，她仔细问了铭铭。在妈妈的询问下，铭铭不得不说出了实情，作业确实是他找人代写的。

可是，谁会帮铭铭写这么多作业呢？铭铭说他是花钱请人代写的，而那个代写作业的人他也没见过，只是将作业邮寄给他，他写完再邮

孩子总是拖拖拉拉，妈妈怎么办？

寄回来，铭铭汇款给他就可以了。爸爸听得目瞪口呆，现在居然有这种业务。铭铭说："不信你可以去网上搜搜！"

爸爸打开网页，在搜索栏输入"代写作业"四个字，果然搜出很多帖子。帖子中介绍说，他们可以代写各个年级的作业，有的还写着"研究生代写作业""同城上门取送""全国包邮"，等等。

既然代写作业都成了一种"新兴行业"，那么孩子写作业偷懒也早已不是什么新鲜事了。有的孩子会在网上找人代写作业，而有的孩子会在网上搜索各种题目的答案。有位老师就曾无意中发现自己布置的作业被人贴到了网站上，下面还有人留言说"跪求作业答案！"在帖子的下面，就有人跟帖回复。

为什么孩子会利用网络的"便利"找人代写作业？他遇到难题为什么不自己动脑筋解决，而要上网搜寻现成的答案？面对孩子写作业偷懒的情况，我们该如何应对呢？

作业量太多，可帮孩子协调

玲玲每天放学回家就埋头写作业，除去吃饭时间她每天晚上都要写到9:00多才能完成。9:00以后洗脸、刷牙，放松一下就该睡觉了。看着女儿每天早晨早起去上学，晚上回来还要写到这么晚，妈妈也替女儿觉得累。

可是，最近几天玲玲写作业明显比以前快了。妈妈开始以为是老师布置的作业少了，但后来发现并非如此。经过观察，妈妈发现玲玲常常是一边"玩"电脑，一边写作业。为什么边玩边写反而写得更快呢？原来，玲玲不再动脑筋做题了，遇到难题她就上网搜答案，或者提前发个帖子上去，请人帮忙做题。她先做其他的作业，等有答案了再将答案抄到作业本上，就连写作文她也要从网上抄。这样写作业对孩子没有任何帮助，但是女儿的作业量确实太多，这该怎么办呢？

遇到这种情况，我们应该严禁孩子在写作业的时候使用电脑，不

第八章　让孩子成为爱学习的天使！——彻底解决孩子在学习中的拖拉问题

要让他有偷懒的机会。我们要告诉他："写作业能让你将所学的知识复习一遍，所以你要耐心写，不要着急。"另外，我们也可以私下找老师提提意见，建议他将作业量减少一些。当然，这件事不要让孩子知道，否则他会更不愿意写作业。

妈妈不可以帮孩子"偷懒"

璐璐回到家就一边嘟囔着一边写作业："30个汉字写五遍，就是150个。要什么时候才能写完？"妈妈听女儿这样说，就说："不如这样吧，妈妈来读，你来写，只要你能写正确，写一遍就可以，而写不正确的汉字就要写五遍，其余的妈妈来帮你写好不好？"女儿听了简直不敢相信，说："真的吗？"妈妈说："当然了。"

于是，妈妈读璐璐写，遇到写错的汉字璐璐就写五遍，其余的字由妈妈尽量模仿着璐璐的笔迹去写。后来，每当老师布置类似的作业，璐璐就会让妈妈替她写。妈妈也认为只要璐璐能掌握了当天所学的知识，就没有必要写重复的作业。

但是，时间久了，妈妈却发现璐璐的耐性越来越差，无论是在学习或生活中遇到需要重复去做的事情璐璐都懒得去做，妈妈不明白璐璐的性格为什么会有这样的转变？

有的妈妈认为孩子只要掌握了课堂上的知识，就可以不必写重复的作业，于是就想到要帮孩子"偷懒"。但是，我们却没有想到，孩子在写"重复作业"的同时也能够让他变得更有耐心。要知道，不仅仅是写作业，生活中有很多事情是需要我们重复去做的，日复一日年复一年，四季也在周而复始地流转。如果孩子没有耐心，不愿意去做重复的事情，那他的心将变得非常浮躁。

因此，写作业爱偷懒的孩子往往是内心浮躁的，而一个内心浮躁的人是很难做好一件事情的。我们一定要以正确的态度去看待孩子写作业这件事，不要认为写重复的作业是没有必要的，要相信任何付出都不会是无用功。重复性的作业可以巩固孩子所学的知识，还能锻炼他的耐力。如果我们帮孩子写作业，也等于是在以行动告诉孩子"老师布置的作业是多余的"，这会让孩子对老师失去信心，导致他不像以前那样尊重自己的老师，不再听老师的话。一个不听老师话的孩子，就难以把学习搞好。所以，我们千万不能帮孩子写作业，帮他"偷懒"不只是能省出更多的时间让孩子休息，还会导致他失去耐心，失去对老师的恭敬心，可谓得不偿失。

我写得好慢呀！

—— 孩子写作业太慢，家长怎么办？

有的孩子经常写作业写到深夜，如果不了解实际情况，我们会觉得老师怎么布置那么多作业啊，但是，问问孩子同班级的同学，却往往发现其他孩子并不会写到这么晚。为什么我们的孩子写作业就这么慢呢？

小勇上2年级了，他非常聪明，但是写作业却非常慢。写生字的时候他就写一画，看一会儿，然后再写一画，半天才写完一个字。做数学题的时候，他常常要审题审好久，然后才慢慢去算，妈妈在一旁看着都着急。

孩子写作业慢是让很多人都感到头疼的问题，有的妈妈性子急，看到孩子写作业这么拖拉，就觉得他不肯好好写，一着急也许会训斥孩子，甚至打他一顿。孩子挨了打哭哭啼啼的，不但心情不好，而且写得更慢了。

形形放学回到家就开始写作业，吃过饭又继续写，写了好久还没有写完。妈妈从形形身边走过，发现形形写作业时不但速度慢而且字迹潦草，妈妈惊讶她写得这么慢，怎么还写得这么差呢？于是，妈妈批评了她，希望她重写。

形形当然不愿意重写，生气地说："我都已经写了这么多了，我才不重写呢！"妈妈问："你写得这么慢，还写得这么不好，是不是没有专心写？"形形赌气说："不用你管！"妈妈一气之下将形形写了两行字的一页作业撕掉了，形形一看自己好不容易写了两行，又被妈妈撕掉了，就哭了起来。

妈妈消了气，觉得不能让女儿一边哭一边写作业，就安慰了她一下，说："妈妈也不想撕你的作业，但你要认真写啊，不能一边玩一边写，写得又慢又差。"形形含着眼泪点了点头，又继续写作业了，一直到晚上 10:00 才写完。

因为孩子写作业而打他，这样做并不能解决问题，那么孩子写作业这么慢，我们该怎么办呢？我们先要找到孩子写作业慢的原因，然后再对症下药。

帮孩子掌握当天所学的知识

有时，我们会发现孩子在写作业时不停地抓头皮，看起来很是头疼。这也许是因为他没有理解老师课堂上所讲的内容，所以写作业的时候就会遇到一些难题，速度也就比较慢。

针对这种情况，我们应该询问一下孩子对哪些知识没有理解，要及时为他讲解一下，为他释疑。一旦孩子完全掌握了课堂上的知识，他写起作业来自然就会快了。

别让孩子分心、一心多用

菲菲有个习惯，就是喜欢两种作业一起写。比如，她做数学作业的时候，遇到列竖式的题觉得比较简单，就会一边算题一边背单词。可是，背着单词又忘了自己算到哪一步了，只好再重新算，这样反而浪费了时间。尽管如此，菲菲还是很得意，觉得自己能够同时完成两项工作。

但是，当她检查数学作业的时候却会发现10道题做错了7道，于是只好再改作业。而英语单词也没有记住，还得再背一遍。于是，花的时间就更多了。

不少孩子像菲菲一样，喜欢一心多用，有的孩子一边写作业，一边听音乐、吃零食，有时还看看窗外，摆弄一下铅笔，这样根本无法专心写作业。于是，他写作业的速度自然就会慢下来。为了能够让孩子专心写作业，我们应该禁止他在写作业的时候看电视、听音乐、吃零食，禁止他在写作业的时候搞小动作，并且要求他一次只能集中精力写一种作业，不能同时写两种作业。

一般来说，年龄越小的孩子自控能力越差，很难长时间地集中精力写作业。所以，我们也可以适当地让他休息一下，如此也可以提高他写作业的效率。

训练孩子手、眼、脑的配合能力

孩子写作业不仅要用大脑思考，还要眼到、手到。有的孩子写起字来十分笨拙，一笔一画地写，却又往往写不工整，因为他的动作不是很协调。如果孩子出现这种情况，我们可以带他多做一些手部运动，比如教他打字，跟他比赛抓花生豆、打羽毛球等，这些都可以锻炼孩子手、眼、脑的配合能力。

都 23：00 了，还没写完！

—— 督促孩子更好地完成作业

郁郁上 3 年级了，每天放学回家后她不是说没有作业，就是说作业已经在自习课上写完了，还经常回到家把书包一放就出去玩，迟迟不肯写作业。

为此老师也曾找妈妈谈过话，希望妈妈能督促一下郁郁，让她按时完成家庭作业。妈妈采取了多种方法，比如陪她写作业，给她讲道理，甚至训斥、打骂她。刚开始这些办法还有效，但过不了几天，郁郁又回到以前的状态，不肯写作业了，真是让妈妈伤透了脑筋。

许多孩子会像郁郁这样，写作业拖拉、磨蹭，能不写就不写，即使写也不能集中精力，甚至对写作业有抵触心理。为此，我们曾想了许多办法，但就是不能让他改掉这个不良习惯。不过，我们不能因此而过分指责他，责罚孩子不仅无济于事，还会让孩子对学习丧失兴趣，甚至出现厌学现象。

伟伟就常常完不成作业，为此妈妈很是头疼，即使在下班的路上也不忘先给伟伟打个电话："我就知道我不在家的时候你不肯好好写作业，但是我马上就要到家了。如果我到家后你的作业还没做完，看

第八章 让孩子成为爱学习的天使！ ——彻底解决孩子在学习中的拖拉问题

我怎么收拾你！"

伟伟放下电话就开始生气，不就为了作业吗？妈妈竟然这么凶，虽然他不敢说什么，但心里很是不服气。他想：我就是不完成作业，看你能把我怎么样！

妈妈回家后，就问："作业写得怎么样了？"伟伟说："写完了。"妈妈说："这还差不多。"但是，第二天妈妈却接到老师打来的电话，说伟伟又没完成作业。原来，伟伟跟妈妈撒谎了。这天，伟伟在学校受到了老师的批评，回到家妈妈又把他训斥了一番，并且说："你不但不按时完成作业，还撒谎，我对你简直失望透了！"

伟伟感到很伤心，他认为老师和妈妈都不喜欢他了，所以，他不愿意上学，也不愿意回家。第二天，他逃学了，并且没有按时回家，妈妈在一个游戏厅找到了他。

孩子为什么不能及时完成作业？如果我们不能找到孩子完不成作业的真正原因，却一味地指责和批评他，孩子就会感到心灰意冷，甚至像伟伟一样出现叛逆的行为。那么，如何才能让孩子更好地完成作业呢？

教孩子安排好写作业的时间

有的孩子会在下午的自习课上将作业写完，这样放学后他就可以做其他事情了。但是，有的孩子却会在自习课上做小动作，不肯专心写作业。所以，没写完的作业就带到了家里。放学后，那些写完作业的孩子就可以出去玩了，但是没写完作业的孩子看到其他人可以出去玩，他也想出去。这时，我们要求他去写作业，他自然不情愿。

当孩子去做一件自己不愿意做的事情时，就会磨磨蹭蹭、一拖再拖。结果，到了晚上该睡觉的时候，他的作业也写不完。针对这种情况，我们可以教孩子学会安排写作业的时间。比如，跟孩子一起制订一个学习时间表，规定他在一定时间内将作业做完。这样，空出来的时间可以做更多的事情，或者可以让他尽情玩耍。当孩子发现这样能腾出

孩子总是拖拖拉拉，妈妈怎么办？

更多的时间玩耍之后，就会主动去写作业，慢慢地就能养成及时写作业的好习惯了。

要及时督促孩子写作业

有的妈妈对孩子的学习只是随便地询问几句："最近学习怎么样啊？作业写完了吗？"孩子应付几句后，妈妈就不问了。只有当妈妈接到了老师的通知，说孩子总是完不成作业的时候，妈妈才开始着急，并且开始看着孩子写作业。孩子稍微一听话，妈妈就又放任不管了。

对于孩子的学习我们要时刻关心，对于他的作业，我们也要及时监督和提醒。比如，当孩子贪玩的时候，我们要及时提醒一句："你的作业还没写完哦，不写完作业明天交什么？"孩子马上就会意识到写作业的重要性，然后就会写作业了。

孩子写完作业后，要让他耐心检查一遍，然后我们也要再看一遍，看看孩子的字写得是否工整，题是不是做对了。若是发现孩子的作业中错误比较多，就要让他反省一下是不是认真写了，或者做错的原因是什么。遇到他不懂的问题，我们要耐心为他讲解，帮助孩子将作业完成得更好。只有我们对孩子的作业重视起来，孩子才会以正确的态度去对待写作业这件事情。

不要在作业之外再给孩子额外的负担

有的妈妈会在孩子写完作业之后，又给他布置大量的习题。这样，孩子会感到很累，为了不做课外练习题，他就会故意放慢写作业的速度，逐渐形成拖拉的坏习惯。

我们要理解孩子，要知道他上了一天的课，又写了很多作业之后已经很累了。学习最重要的是兴趣，而搞题海战术只会让孩子对学习失去兴趣。因此，不给孩子额外的压力，也是促进孩子积极写作业、保证作业质量的一个重要因素。

第八章　让孩子成为爱学习的天使！　——彻底解决孩子在学习中的拖拉问题

妈妈，来陪我写！

——陪孩子写作业，要慎重

许多孩子都喜欢妈妈陪他写作业，似乎妈妈坐在他的身边，他的心就能更踏实些。因为遇到不会的问题，可以随时问妈妈。同时，孩子会觉得只要妈妈坐在身旁，他就会感到一种无形中的约束力，所以不容易走神，写起作业来也就更专心了。

瑶瑶就非常喜欢妈妈陪她写作业，每天放学回家她都要等妈妈忙完了之后，才打开作业本说："妈妈，快来陪我写作业吧。"有时，妈妈因为有事不能陪她写作业，她就感到手足无措，平时会做的题也常常做错。

有一次，妈妈加班到晚上9:00才回来，妈妈一进门瑶瑶就跑过来说："妈妈，陪我写作业吧。"妈妈诧异地问："你的作业还没写？""是啊，我等您呢。我可不想自己写作业。"瑶瑶说。这时，妈妈才意识到应该让女儿学着独立完成作业。于是，妈妈说："今天妈妈累了，不能陪你写作业，你要学着自己写作业。"瑶瑶虽然很不情愿，但是想到写不完作业会受到老师的批评，只好自己去写作业了。

后来，尽管瑶瑶曾多次要求妈妈陪她写作业，妈妈常常以有事为由拒绝，偶尔才会陪陪她，但也只是指导一会儿就走开了。瑶瑶无奈，只好自己慢慢写，起初明显比以前写得慢很多，但是渐渐地她习惯了自己写作业，而且写得又快又好。

不少妈妈因为很重视孩子的学习，所以从孩子上小学开始就陪他写作业。只要孩子摊开作业本，妈妈就马上坐到他旁边陪他写作业，看着他做题、帮他听写、陪他背诵等。有的妈妈在孩子写作业的过程中一刻也不肯离开，直到看着孩子将作业写完，检查完毕才放心。

陪孩子写作业到底好还是不好呢？应该说，妈妈陪孩子写作业有利也有弊。妈妈陪孩子写作业就可以督促他更好地完成作业，随时掌握孩子的学习情况。当孩子在写作业的过程中遇到疑问的时候，我们也可以及时帮他解答。但是，陪孩子写作业会导致他对我们产生依赖心理。许多喜欢陪孩子写作业的妈妈会发现，当我们陪在他身边的时候，他就会写得很好；而当我们没有时间陪他的时候，他似乎就不知道怎么写了，总是四处张望，等着我们做完事情后去陪他。所以，经常陪孩子写作业不利于他形成独立学习的习惯，而且随着孩子年龄的增长，他所学知识的难度也会增加，我们会很难再辅导他。若是此时我们再开始培养他独立学习的能力恐怕为时已晚了。因为他早已对我们形成了很强的依赖心理，突然没有妈妈陪他一起学习和写作业了，他就很不适应，甚至因此影响到学习状态，导致成绩下降。

既然陪孩子写作业有利有弊，那么我们到底该不该陪孩子写作业呢？

孩子年龄小的时候，自制力比较差，精力难以集中，如果我们不能在他身边监督他，他就很容易走神，这时我们就可以坐在他旁边，陪他写作业，顺便辅导他的功课。有些孩子刚刚上学，甚至不懂得什么是作业。此时，我们对他的督促和提醒就非常必要了，但是为了培养他独立学习的能力，我们应该在他自制力渐渐增强之后，逐渐放手。

在孩子具有独立完成作业的能力之后，我们就不必天天陪他写作业了，而应让他独立学习。这样，可以让孩子从被动学习转化为主动学习，而我们的督促和辅导也就只会起到次要的作用了。

有的妈妈会问："由于长期陪孩子写作业，他已经对我形成了依赖心理。我该怎么办呢？"针对这种情况，建议妈妈可以逐渐减少陪孩子写作业的次数，或者是教孩子每天放学后都要先将当天要写的作业汇总一下，防止有遗漏的地方。然后计划一下要先写什么，后写什么。这样，他就能有条理地去写作业了。

孩子写作业遇到难题的时候，也许会问："这道题应该怎么解？""这个字读什么？"此时，我们也不必马上告诉他现成的答案，可以鼓励他说："你可以自己试着解答，实在解不出来再问我。"或者是"你可以去查查字典。"要知道，培养孩子的独立学习能力比传授给他知识更重要，当他能够独立学习之后，就能自己去获取知识，不需要处处依赖我们帮他解答了。

由此可以看出，应不应该陪孩子写作业，要根据孩子的年龄和具体情况来定。当孩子长大一些后，还是不陪他写作业为好。

孩子总是拖拖拉拉，妈妈怎么办？

先复习功课，再写作业！

—— 给孩子传授写作业的窍门

多数孩子都是回到家打开书包就开始写作业，他总是盼着早一点儿把作业写完，然后就可以放松一下了。孩子的这种心情可以理解，而且这种回到家就先做作业的积极态度也值得表扬。但是，我们会发现有时孩子写起作业来并不轻松，总是想啊想，算啊算。即使是当天学过的例题，他做起来还是很费脑筋。如果我们不仔细观察还以为是他在故意拖拖拉拉，不快点写作业，事实上他也想快点写完，却往往会被一些题给难住。

旭旭回到家就开始写作业，写着写着就被一道题给难住了。妈妈见儿子歪着头想了半天也没有动笔，就说："怎么？遇到难题了？"旭旭说："嗯，这道题不会做。"妈妈想到老师布置的作业一般都是当天所学的内容，于是就让旭旭把数学课本翻到当天学的那一课，看了看例题，果然就是当天学过的内容。

原来，旭旭对当天所学的知识还不能灵活运用，于是妈妈就和旭旭一起复习了一下当天所学的知识。复习完之后，旭旭说："妈妈，我明白那道题应该怎么做了。"于是，旭旭拿起笔，马上就把题解了出来。

"看来复习当天所学的功课还是很重要的。要不这样吧，你每天放学后先复习功课再写作业，如何？"妈妈说。旭旭想了想说："可以试试，也许这样能提高写作业的速度。"

从第二天开始，旭旭回到家不是先写作业，而是打开课本先把当天所学的内容复习一遍，然后才开始写作业。由于重新温习了当天的功课，写起作业来就比较轻松，速度也明显提升了，而且准确率也比较高。一段时间之后，旭旭的成绩也明显提高了。

通过这个事例我们可以看出，让孩子先复习功课再写作业，不但可以帮他巩固当天所学的知识，还能帮他提高写作业的效率。那么，如何让孩子复习各门功课呢？其实，复习不同的科目，也有不同的窍门。

教孩子复习数学功课

让孩子复习数学功课主要就是让他抓住重点，那么数学课的重点是什么呢？就是老师当天所讲的例题。我们要让孩子将当天所学的例题再重新做一遍，例题都是非常典型的题目，也是考试的重点，只要让孩子把这些例题弄懂，他做作业的时候就不会被难住了，到了考试的时候也不会有太大的压力。

另外，数学中常常有许多公式、定理，这些一定要让孩子记牢。因为，数学的逻辑性很强，只有记住每天所学的例题、公式、定理，才能将后面的知识学好。为了方便孩子学习，可以让他把这些公式、定理和典型的例题写到一个小本子上。一旦有时间，就拿出来看一下，时常温习就能记得更牢，写作业和考试的时候才能熟练运用。

复习语文有窍门

和数学不同的是，学习语文并不在于死记硬背，而是要注重日常积累。中国的文字和文章更需要孩子用心去理解和感悟，而不是背诵，所以可以让孩子以一种悠闲的心情去复习语文。比如，吃过饭后让孩子重新读一遍当天所学的课文，让他以欣赏的眼光去看这篇文章，就像读故事一样。读多了之后，孩子自然会记住更多的字，知道更多的成语，写起语文作业来也就容易多了。

有时，老师也会布置作文。我们要让孩子知道，要想将作文写好，平时就要注重观察生活，多积累素材。只要孩子多观察、多思考，有所感悟的时候顺手记下来，写作文的时候就不必冥思苦想了。

写英语作业也要先复习功课

英语作业常常是让人写一些单词、短语，做一些填空题，或者翻译一些句子。而这些往往是与当天所学的内容相关的，如果没有记住当天所学的短语或句子，在做作业的时候，孩子就需要一边翻书，一边动脑筋。

如果我们让孩子先读几遍课文，然后着重记忆一下当天所学的新单词和短语，再让他合上课本写作业，就能够让他顺便测验一下自己记忆生词、生句的情况，可谓是一举两得。

告诉孩子如何复习其他科目

历史、地理、政治、生物等科目的课后作业多是一些需要记忆的内容或者是分析题。比如，某次起义的领袖是谁、哪个朝代发生过什么历史事件、某个地壳板块的地理特征是什么。某些历史事件和政治事件不但需要孩子记住，还需要他能够针对此事件进行分析。

所以，在孩子做历史、地理、政治、生物作业之前，要让他将当天所学的内容记熟，最好在写作业时能够合上课本做这些题。再就是，我们可以鼓励孩子根据历史或政治事件的发生时间来做一个整理，生物就根据动植物科目的不同来进行整理，这样能够方便他有条理地进行记忆。而且，平时我们还要注意培养孩子的综合分析能力，这样当他做分析题的时候，才能分析得更合情理。

第八章　让孩子成为爱学习的天使！　——彻底解决孩子在学习中的拖拉问题

天啊，还要做总结？！

—— 引导孩子及时做总结

最近一周都学习了哪些知识？这些知识和以前学过的内容有什么关联？老师讲过的内容是否全部掌握了呢？其中哪些是重点，需要着重记忆，哪些又是难点，需要再次温习？每过一段时间，我们就要让孩子做一次总结。

"朵朵，最近学得怎么样啊？都学了哪些内容？"妈妈问。朵朵拿来课本，打开书告诉妈妈："这周，语文从这一页学到了这一页；数学从这一页学到了这一页；英语从……"朵朵翻开书对妈妈一一介绍她从哪页学到了哪页。

"怎么都是说页数？这周数学都主要学习了哪些内容啊？"妈妈觉得数学是比较系统性的，朵朵应该可以说得上来。但是朵朵依然翻开书，妈妈阻止了她，说："不必告诉我哪页到哪页。"这时，朵朵便不知道该怎么说了。

妈妈说："朵朵，每过一段时间你就要对自己所学的知识进行一次总结。这样才能系统地掌握所学的内容。""天啊，还要做总结？我可不想做总结。"朵朵说。"如果不做总结，就无法将知识连贯起来，

孩子总是拖拖拉拉，妈妈怎么办？

以后再想做系统性的总结，就会更费劲。我希望你听我的建议。"妈妈说。"哦，好吧，妈妈。"朵朵说。

每当我们要求孩子及时做总结的时候，他总会认为没有必要，或者说"以后再说吧"。于是，做学习总结这件事就被一拖再拖，时间久了之后，所学的知识就会有所遗忘，再做总结时，就会发现需要整理的资料太多，结果孩子就更懒得去做了。

因此，我们一定要督促孩子及时做总结，不要一拖再拖，如果他忘了，也要记得提醒他，不能让他在学习上养成拖拉的坏习惯。

教孩子在考试后及时做总结

试卷发下来了，果果这次数学测验才考了72分。看着试卷上的叉号，果果想：怎么做错了这么多题呢？她闷闷不乐地回到家。妈妈看到果果的神情，就问："果果怎么了？"果果说："妈妈，我考得不好，错了好多题。"妈妈说："嗯，你有没有看看都错在哪里？""没有……"果果说。

妈妈说："考得不好不用灰心丧气，因为这只能说明你一段时间内的成绩。但是，你要及时做一个总结，看看问题出在哪里。要知道自己对哪部分知识掌握得不够牢固，这样，下次考试的时候才有可能把成绩提高。"

考试后的总结应该怎样做呢？我们要让孩子建立一个错题本，每次考试之后都要把错题再重新做一遍，看看自己容易做错哪种类型的题，找出自己学习中的薄弱环节，避免以后再犯同样的错误。进行考后总结，可以让孩子发现自己错题的规律，从而有效减少做错题的概率。

鼓励孩子做个难题总结本

"妈妈，这道题怎么做？"小东问，妈妈耐心地帮小东解答了这道难题。几天后，小东写作业的时候又问："妈妈，这道题怎么解？"

妈妈一看，这道题和前几天她帮小东解答过的那道题是相同类型的。妈妈说："你想想看，前几天你问过我类似的题。"说着，妈妈拿过书找到那道题，小东这才发现，两道题的解题思路是一样的。

妈妈说："小东，你建立个难题总结本吧。把你遇到过的难题都记在上面，时常翻看一下。这样再遇到同样类型的题时，就不会再被难住了。"小东说："妈妈，这是个好主意，我马上就做。"

让孩子将平时写作业或者考试中遇到的难题、典型题整理出来，记在一个本子上，并进行总结，以后再遇到类似的题目就会做了，若在考试中遇到这样的题目也不容易失分。

教孩子做阶段性的学习总结

孩子不断地学习，但是不同的阶段有不同的收获，不同的阶段学习状态也不同。因此，我们要鼓励孩子做阶段性的学习总结，可以让他每隔半个月或者一个月做一次总结。可以让他建立一个学习总结本，每隔一段时间就在总结本上写出前段时间学习中的重点内容，并将自己最近的学习心得写下来，有好的学习方法也可以记下来。

通过做总结能够让孩子认识到自己的不足之处，从而经常调整自己的学习状态，以取得更好的学习成绩。

忘了写小数点了！

——教孩子改掉马虎的毛病

有的孩子考试或写作业的时候很马虎，常常把 1 看成 7、把 3 看成 8、把加号看成乘号、漏掉小数点……有的时候，孩子的马虎会让我们很上火，觉得他怎么那么粗心，不审题就做题，这样能不出错吗？有的妈妈还会因此训斥孩子，说："你就不能细心点？"训斥只会让孩子感到紧张，并不能让他变得细心起来。

卢越就是个非常粗心的男孩。有一次他做一道应用题，算某个员工本月应得多少工资，算完后得出的数字为 2 013.18。但是卢越却忘记了写小数点，结果数字从 2 000 多一下变成了 20 多万。卢越检查作业的时候都没有发现这个严重的错误，幸好那天妈妈帮卢越检查作业时，发现了这个纰漏。

妈妈说："卢越，你再仔细看下这道题。"在妈妈的指点下，他才意识到自己忘记写小数点了。妈妈说："现在知道什么叫作'差之毫厘，谬以千里'了吧？一个普通员工的工资竟然达到每月 20 多万元，这也太夸张了。"卢越不好意思地吐了吐舌头，说："妈妈，我以后注意。"妈妈说："你呀，就是太马虎了！"

有时，我们说了很多次，孩子还是不能改掉做事马虎的坏习惯。

难道我们说的话他根本没听进去？为什么他还是拖拖拉拉地不肯改呢？是什么原因造成了孩子的马虎？只有明白了孩子马虎的原因，我们才能"对症下药"，帮他改掉马虎的坏毛病。

要分清孩子是真马虎还是"假马虎"

有的时候孩子做错题，表面看来似乎是因为粗心，但事实上却是因为他对基础知识掌握得不牢固。

有一天，妈妈在帮晨晨检查作业的时候，发现她是这样写的："8+0=0，8×0=0，0÷8=0，8-0=0。"妈妈说："晨晨，8加0不等于0，8减0也不等于0。"晨晨却说："不对！妈妈，0就是代表什么也没有，所以任何数字与0加减乘除都等于零。"

原来，晨晨没有弄清四种运算的方法，于是，妈妈只好给她讲解了一下。晨晨这才明白，原来8加0还是等于8，而8减0也等于8。

孩子有时会做错一些看似非常简单的题，我们常以为这是因为他太粗心了，连加减乘除号都没有看清楚。其实，很多时候是因为孩子对一些概念和定义没有理解透，所以才会把题做错。因此，当我们发现孩子做错题的时候，一定要多问一下他犯错误的理由，不要一概归纳为是因为孩子粗心马虎，而应该善于发现问题的真相。

孩子马虎是因为他着急出去玩

孩子放学回家就写作业是种好现象，但有时这是因为他想赶快写完作业，然后出去玩。因为太想出去玩，所以他写作业的时候便会"身在曹营心在汉"，一心想着一会儿去哪里玩，要玩什么。因此他就不能专心写作业，而是急匆匆地写，写完连看也不再看一眼，就把作业装进书包，然后就玩去了。

因为注意力不集中，本来应该做对的题也会算错，把计算符号看错更是常事。遇到这种情况，我们要让孩子养成检查作业的习惯。要求他写完作业一定要再检查一遍，直至没有错误才可以出去玩。

检查作业，要让他重新审题，看看有没有理解错误，计算符号有没有看错；检查语文作业的时候，要看看有没有错字、漏字，作文中有没有不通顺的语句或者语法错误。如果发现有做错的题，就要让孩子加以改正，并且找出做错的原因。如此一来，孩子就会发现，急匆匆地写作业并不省时间，因为他会花更多的时间来纠正错误。渐渐地，他就不敢马马虎虎地应付作业了，而是希望能够一次就将作业写完并且写好，这样才不会有"后顾之忧"。

孩子没有端正学习态度就会马虎

有个孩子作业总是写不好，常常因为马虎而做错题。妈妈说："你就不能仔细点吗？"孩子说："反正都是老师让我做的，错了就错了呗。"很多孩子都会有类似的想法，认为写作业是给老师写的，学习是给妈妈学的。

很显然，这种学习态度是不正确的。因为，他认为这些事情都不是为自己而做的，所以学习起来就没有积极性，写作业和考试也是应付一下而已。因此，他对学习就会没有兴趣，更懒得仔细地去写作业，而是马马虎虎、敷衍了事。

针对这种情况，我们要坐下来好好跟他谈谈，告诉他学习是为他自己而学的，绝不是为了父母、老师或者其他什么人，现在努力学习就是为了他将来能够有好的发展。当孩子明白这个道理之后，他就会把心思放在学习上，不会马马虎虎地去应付作业和考试了。

干扰过多会导致孩子不能专心学习

孩子的年龄如果比较小，他的自制力就相对差一些，一有些"风吹草动"，他就要抬头看一看，因为注意力不能集中，写起作业来自然就容易出错。所以说，学习环境不好也是造成孩子马虎的一个原因。因此，我们要尽量为孩子创造安静的学习环境，避免他受到干扰。

我就爱"临阵磨枪"!

——让孩子提前复习,不要指望考前"突击"

孩子一般都比较贪玩,常常是写完作业就出去玩,再也不想多看一会儿书,到了快考试的时候才开始感到紧张。

快期末考试了,很多孩子都开始考前突击。李野早上来到学校,同桌张化问他:"昨晚几点睡的?"李野说:"都十二点了,你呢?""我睡的时候都十二点半了。"张化说。上课的时候,李野一直打哈欠,昨晚实在是睡得太晚了。

李野放学回到家写完作业,想到马上就要考试了,他还是舍不得去睡,拿起书又开始看。虽然拿着书,但是眼皮却在打架,妈妈看他困成这样,就说:"赶紧睡吧,别看了。"李野却说:"我再看会儿。"妈妈说:"这次期末考试,我不会给你压力,你只要发挥自己的正常水平就可以了。但是以后不要再做考前突击了,要提前复习。别等到还有几天要考试了,你才开始熬夜学习,这样不但学习效率低,对身体也不好。"李野点点头,合上书去休息了。

孩子的考前突击一般都是采用疲劳战术,晚睡早起背诵各种定义,浏览大量的例题。平时不注重复习,到了考试的时候就会因为"临阵磨枪"而感到很疲惫,而且突击学习,容易学得快忘得也快。因为如果在短时间内记忆大量的知识，那么他也会在短时间内忘记很大一部分，所以，不要让孩子"临阵磨枪"。

同时，由于快考试了，孩子需要复习的科目有很多，他有时会感到应付不过来，于是心理压力陡增，觉得自己学得好辛苦。而一旦考试成绩出来后发现考得不好，自信心立马受挫，觉得自己前段时间这么刻苦，还考不好，真是无药可救了，于是便容易产生自暴自弃的心理，进而对学习失去兴趣。

而且，孩子平时不复习，等到快要考试才用功，虽然能够突击记住一些东西，但是他只是死记硬背，并没有真正理解，一旦在考试中遇到需要动脑筋的题目就不会做了。所以说，到考试前才"临阵磨枪"不利于孩子的学习。可是，如何才能改变孩子的这一不良学习习惯呢？要让孩子在平时就注重复习所学的知识，不要等考试的时候再集中复习。

提醒孩子每天都复习功课

1885年，德国著名的心理学家艾宾浩斯发现，人的遗忘其实是有规律可循的。经过大量的实验研究，他还绘制出了一条遗忘规律曲线。从这条遗忘曲线可以看出，人总是遵循着"先快后慢"的规律遗忘，人们将这个规律称为"艾宾浩斯遗忘曲线规律"。

就拿孩子的学习来说吧，他的遗忘规律是这样的：孩子在学习一天之后，回到家如果不能及时复习，那么他所学的知识就会渐渐遗忘，记忆中所剩的知识只有原来的25%左右，但是随着时间的推移，他的遗忘速度会减慢，遗忘的数量也会不断减少。根据这一规律，我们就应该让孩子养成及时复习的好习惯。

每天放学后，要让他先将所学的知识复习一遍，这样便可以巩固当天的知识，避免快速地遗忘。但是，有些孩子做事爱拖拉，不到考前他就懒得去复习，总是觉得自己还有时间。因此，我们要督促孩子每天进行复习，如果发现他哪天没有复习功课，就要提醒他："你今天的功课还没有复习哦，难道要等到考前再熬夜吗？"

教孩子有规律地复习功课

除了让孩子每天都复习当天所学的功课之外，我们还可以教他有规律地进行复习。怎样才算有规律呢？我们都知道，孩子的学习是系统性的，每门功课的学习都有阶段性，所以，要让孩子每隔一段时间就把前面所学的内容系统地复习一遍，摸清学习规律，找到知识间的关联性，这样就能加深对所学知识的理解和记忆。

禁止孩子考前实行疲劳战术

很多孩子，之所以要在考前熬夜学习，是因为他心里过于紧张，以至于睡不着，不学习就不能安心。如果孩子在考前感到焦虑紧张，可以让他深呼吸，放松自己，或者想点儿开心的事情，转移注意力。

孩子在考前"临阵磨枪"容易因为疲惫影响考试状态。如果在考试的时候状态不佳，本来会做的题，也会因为困倦、头脑不清醒而做错，因此难以取得好成绩。所以说，我们不要让孩子在考前搞疲劳战术，越是临近考试越是要让他调整状态，放松下来。要有规律地作息，有规律地学习，考前一定要吃好、睡足，这样到了考场才能发挥得好。

孩子总是拖拖拉拉，妈妈怎么办？

那道题把我拦住了！

—— 考试时，别让孩子"死抠题"

孩子对事情往往都很认真，认真本来是个好习惯，但是如果在考试的时候因为认真而"死抠题"就会耽误做题的进度。

璐璐的期末考试试卷发下来了，数学才考了 69 分。妈妈拿起她的试卷来一看，发现璐璐的试卷没有答完。妈妈说："璐璐，你怎么没做完就交卷了呢？"璐璐说："因为考试的时候我遇到了一道很难的题，于是我就专心思考那道题了，好不容易做了出来，但是剩的时间已经不多了。结果，后面的题都没来得及做老师就收卷了。"

璐璐已经不是第一次考试做不完试卷了，每次答不完卷，回到家后她都会把后面的题再做一下。结果，总是发现后面的题自己差不多都会，但就是因为做前面的题耽误了太多的时间，所以丢了分。

不仅考试的时候是这样，写作业时璐璐也常常因为一道不会做的题而耽搁半天。这样不但在考试的时候容易丢分，而且写作业也很浪费时间。

很多时候，我们看到孩子因为爱抠题而丢分会替他着急，甚至因此而训斥他，觉得他做题拖拖拉拉，太没有效率。其实，从某个角度来说孩子爱抠题是他爱钻研的一种表现，只是这种钻研精神不应该用在考试中。

那么，如何才能提高孩子做题的效率，避免他在考试的时候抠题呢？

教孩子留意考试时间

在考试之前老师会让孩子知道，这场考试一共有多长时间。但是，爱抠题的孩子却很少留意考试时间，试卷一发下来他就开始做题，从头开始，一道一道地做，从来不会跳过去，似乎忽视了考试时间的限制。

一遇到难题，他就会冥思苦想，不"攻克难关"就不做下一道题。于是，时间就在他冥思苦想的时候流走了，当他做完这道题，剩下的题即使会做，时间也来不及了，分数也就白白丢掉了。

所以，我们要告诉孩子，在试卷发下来之后不要急着做题，而是应该先浏览一下试题，要对试题做到心中有数。会做的和简单的题要先做，因为这样的题做起来会比较快，稍微有点难度的题要后做，最难的题要最后做。因为孩子不是每次遇到难题都能解得出来，有时还会被难住或者解错。

因此，我们最好给孩子买一块手表，让他考试的时候注意时间。不要在某一道题上浪费过多的时间，要让他注意到时间的紧迫性。

不要让孩子因为"怕丢分"而"丢分"

琪琪的数学试卷发下来了，才58分，竟然没有及格。妈妈拿来一看，发现第三部分之后的题琪琪一道也没做。妈妈说："为什么还有这么多题没有做？"琪琪指着一道15分的题说："这道题比较难，我花了很长时间才做完，结果做完就交卷了，但是这道题我却做错了。"

妈妈说："那你为什么不先做会做的呢？"琪琪说："因为这道题占的分比较多，我怕失分。"妈妈说："不做其他的题，只做这一道，结果还做错了，不是会失去更多的分数吗？"琪琪说："当时没有想这么多……"

　　孩子在考试的时候，常常会遇到占分比较大的题目，这种题目往往比较难。但是，由于这道题占的分数比较多，所以孩子就会因为怕失分而先做这道题。但越是这样，越容易失去更多的分数。如果先做难题，解了很久之后却没有解出来，时间就会白白浪费，要是解错了，还是不能得分。因此，我们要告诉孩子，在考试中要先做有把握的题，对于肯定能得分的题一定要先做完。而对于那些占分比较多的题，可以在做完其他题，并且检查无误之后再去做。这样，如果能解出来，便能再加一点分，如果解不出来，其他的题也可以得分，同样不会考得太差。

没有解出的难题要在考试后认真做一遍

　　由于孩子的考试时间有限，对于那些被留在最后的难题，他往往没有时间将其解答出来。但是在考场上解不出来的题，不等于考试后也解不出来。考试后心情放松了，在拿到试卷后，要让孩子先将错题看一遍，然后重新做一遍。很多孩子都能在试卷发下来之后，将难题解答出来，一是因为心情放松，二是因为时间不受限制。

　　所以，试卷发下来之后，我们可以让孩子充分发扬他的钻研精神，攻克难题。但是我们要让他知道这种钻研精神不能带到考试中去，否则就会影响考试的分数。

帮孩子了解难题"难"在哪里

　　不少爱"抠题"的孩子会有这样的感受，就是感觉那道难题自己并非一点儿都不会，而是觉得似曾相识，当时认为自己一定可以做出来。动手去做的时候，却又觉得朦朦胧胧，找不到思路，但又不甘心就此放弃，于是时间就这样被浪费了。

孩子为什么会有这样的感觉呢？那是因为他某些知识点掌握得还不透彻，有些模棱两可，所以到了考场上，在紧张的环境下，就更不容易把题解出来了。为了避免出现这种情况，我们应该教孩子在考前就把各个知识点弄懂，这样孩子就不会在考试的时候被这种"似是而非"的题目难住，也就不会浪费时间了。

致　谢

　　特别感谢北京理工大学出版社领导的大力支持；感谢本书策划编辑秦庆瑞的信任与鼓励；感谢家人对我的理解与支持，感谢多年来给予我帮助的教育界的各位同人；感谢为本书的写作提供资料、给予指导、提出建议与意见、付出辛勤劳动的诸位老师，他们是周扬、翟晓敏、周雅君、雒真真、齐梦珠、张淑涵、施杭、梅梅、李俊飞等；感谢一直以来都关注我、给予我支持的家长朋友们。

　　同时，书中不足之处，冀望高明之士不吝指正。谢谢你们！

鲁鹏程

2013 年